新时代大学生劳动教育
与职业发展

徐潘虹　著

延边大学出版社

图书在版编目（CIP）数据

新时代大学生劳动教育与职业发展 / 徐潘虹著. --
延吉 ： 延边大学出版社, 2023.10
ISBN 978-7-230-05706-6

Ⅰ. ①新… Ⅱ. ①徐… Ⅲ. ①大学生－劳动教育－研
究②大学生－职业选择－研究 Ⅳ. ①G40-015
②G647.38

中国国家版本馆CIP数据核字(2023)第203057号

新时代大学生劳动教育与职业发展

著　　者：徐潘虹
责任编辑：韩亚婷
封面设计：文合文化
出版发行：延边大学出版社
社　　址：吉林省延吉市公园路977号　　邮　　编：133002
网　　址：http://www.ydcbs.com　　E-mail：ydcbs@ydcbs.com
电　　话：0433-2732435　　传　　真：0433-2732434
印　　刷：三河市嵩川印刷有限公司
开　　本：710×1000　1/16
印　　张：12
字　　数：200 千字
版　　次：2023 年 10 月 第 1 版
印　　次：2024 年 1 月 第 1 次印刷
书　　号：ISBN 978-7-230-05706-6

定价：65.00元

前　　言

随着社会经济的快速发展和职业市场的不断变化，大学生劳动教育凸显出极为重要的地位，它不仅关系到个体的职业发展，还直接涉及国家的人才培养和社会的前进步伐。以往的大学教育主要注重知识传授和学术研究，而往往忽略了劳动教育的重要性。如今，劳动教育已经被重新界定，不再局限于简单的技能培训，而扩展至更广泛的领域，包括创新、创业、团队协作、社会责任等方面的素养培养，这种全面的劳动教育有助于培养学生的综合能力，提高他们在竞争激烈的职业市场中的竞争力。同时，大学生劳动教育也强调实践与理论的有机结合。通过参与社会实践，学生能够更好地理解所学的知识，积累宝贵的工作经验，提高解决实际问题的能力。

本书共分为两个篇章：一是分析新时代大学生的劳动教育，内容包括新时代大学生劳动教育概述、新时代大学生劳动教育中的课程教学，以及新时代大学生劳动教育的策略、实践及构建路径；二是对新时代大学生的职业发展进行研究，内容涉及新时代大学生职业生涯发展、新时代大学生职业素养发展、新时代大学生职业发展的实践。

笔者在撰写本书的过程中，得到了许多专家学者的帮助，在此表示诚挚的谢意。由于笔者水平有限，加之时间仓促，书中所涉及的内容难免有疏漏之处，希望各位读者多提宝贵意见，以便笔者进一步修改，使之更加完善。

徐潘虹

2023 年 8 月

目　　录

第一篇　新时代大学生的劳动教育

第一章　新时代大学生
劳动教育概述

第一节　劳动

一、劳动的内涵与外延

（一）劳动的内涵

劳动，是人们改变劳动对象使之适合自己需要的有目的的活动，即劳动力的支出。劳动是人类社会生存和发展的基础，它主要是指人们在生产物质资料过程中的一种付出劳动力并能够对外输出劳动量或劳动价值的人类活动。劳动是人们在社会生活中维持自我生存和发展的唯一手段。按照传统的劳动分类理论，劳动主要可以分为脑力劳动和体力劳动两大类。

劳动是人类活动的一种特殊形式。在商品生产体系中，劳动是劳动力的支出和使用。

劳动是发生在人与自然界之间的活动，其实质是通过人的有意识的、有一定目的的自身活动来调整、控制自然界，使之发生物质变换，即改变自然物的形态或性质，为人类的生产生活和自己的需要服务。

（二）劳动的外延

劳动是我们人类社会发展与进步的根基，能提高人的劳动素养以及劳动能力，是实现个人人生价值的途径。劳动的外延是人类实践活动的一种特殊形式，多指创造物质财富和精神财富的活动。在哲学中，劳动被定义为人类特有的基本的社会实践活动，也是人通过有目的的活动改造自然对象并在这一活动中改造人自身的过程。在经济学中，劳动则是指劳动力（含体力和脑力）的支出和使用。

因此，本书所述劳动教育为基础劳动教育实践，是以促进学生养成劳动素养（有一定劳动能力、形成良好的劳动习惯等）为目的的教育实践活动。劳动教育还与"劳动技术教育""通用技术教育"等概念相关。不过，"劳动技术教育"强调的是技术的学习，与职业定向存在更密切的关联；"通用技术教育"则是开展基础技术教育的课程形式，"通用技术"是其教育重点。换言之，劳动教育是面向所有教育对象的普通教育，而"劳动技术教育""通用技术教育"两个概念中虽也有"劳动"的要素，但较多指向具体技术或者通用技术的学习实践等，强调重点有显著差异。

另外，我们所说的基础劳动，是人们在学习、生活、工作过程中，为创造一个良好的、舒心的环境，而进行的必要的最基本的劳动。例如，室内外环境卫生的清扫与维护，把各种物品科学合理地摆放整齐，一般绿化、植被的修剪与整理等，都是最简单、最基础的劳动，也是我们学会做人、做事的最根本的需要。

二、劳动价值观分析

劳动价值观不是普通意义上的作为"知识论"的理论，而是历史理论、行动理论、批判理论、阶级理论的合成体。它可以为劳动教育的实施提供正确的方向，促使劳动教育科学、有序地推进。

（一）资本主义异化劳动与剩余价值

1.资本主义的异化劳动

在私有制社会，人的生产物主要包括劳动产品（商品）。人的生产物对人都发生着异化，成为摆脱人的控制，并反过来支配人、与人为敌的异己力量。在这种异化现象中，劳动的异化是一种根本性的异化。异化劳动，最初产生于人类的自发分工。在私有制逐步形成以后，异化劳动和私有制是相互作用的。

异化是渗透于资本主义社会的每个细胞的普遍现象。在资本主义社会，工人辛苦劳动，生产出巨量的产品，却通常不能占有和享用自己的劳动果实，生产完全是为了满足市场需要，因此工人普遍地与劳动产品相分离了。而且，资本主义社会的劳动产品交易主体不是生产产品的工人。总之，作为生产者的工人，对自己的劳动产品没有占有、交易和分配的权利，但却不得不按资本家的要求参与劳动生产。所以，工人完全没有控制劳动产品的权利，劳动产品却控制着工人每天的生活。这就是劳动产品的异化，或者"物的异化"，也就是劳动所生产的对象，即劳动产品，作为异己的内容，作为不依赖于生产者的独立力量，是同劳动对立的。

2.剩余价值的生产方法

总体而言，剩余价值的生产方法具体包括绝对剩余价值生产和相对剩余价值生产。剩余价值率可以由"剩余劳动/必要劳动"这个比率来表示。当必要劳动时间在特定时期中维持不变时，资本家希望获得尽量多的生产剩余价值，便一定要尽可能地延长剩余劳动时间。在此情况下，工作日的长度就成了一个可变量。因此，在实际的资本主义生产中，资本家总是竭力延长工作日以生产更多的剩余价值，通过这种方式生产的剩余价值就是绝对剩余价值。正是因为对于资本家而言，剩余劳动或剩余价值显得十分重要，他们便想尽办法延长工作日，总是设法压缩工人从事其他活动的时间。绝对剩余价值的生产使工人陷入过度的劳动中，导致工人生存的环境愈发糟糕，从而使其必须起来斗争。在这种情况下，资本家为了持续地获取剩余价值，便必须改变剩余价值的生产形式。

因此，通过提高科技水平和单位生产效率来提高相对剩余价值的生产就成为资本家的基本选项。假定工作日是一定的，如果希望生产更多的剩余价值，便一定要更改工作日里必要劳动时间与剩余劳动时间各自的占比，即尽可能减少再生产劳动力的必要劳动时间而扩大剩余劳动时间。这种通过缩短必要劳动时间，相应地改变工作日的两个组成部分的量的比例而生产的剩余价值，就叫作相对剩余价值。在资本主义生产发展的过程中，以分工为基础的协作、机器的应用都在不同程度上提高了劳动生产力。这能够为资本家带来更多的利润。但这对工人而言却是不断承受身心折磨的过程，尤其是在工场手工业和机器大工业中。

（二）劳动创造了人的本身

1.古猿为人类形成提供自然前提

人类的起源既是生物进化的过程，也是社会进化的过程。根据达尔文的生物进化论，人应是古猿的进化物。科学家发现，最古老的人科动物是在非洲南部发现的存活于 500 万年以前的古猿。他们的身形体貌、生活习性和生存环境形成了人类诞生的基础条件。随着许多森林向热带草原的逐渐演变，古猿的生存环境出现了显著的改变，相对应的是古猿的生存方式从林栖转变为地栖。随着生产环境与生存方式出现了明显的变化，古猿的体质形态与群体结构都出现了显著的改变。

（1）古猿体质形态发生的变化

整个牙齿结构向着接近同一水平面的方向发展，形成一个复杂的咀嚼面，方便左右移动，适于咀嚼大量、细小坚硬的食物，这是古猿转入热带草原后为便于觅食坚果、块茎之类的食物而发生的第一种适应性变化。考古学表明，非洲南方古猿已经可以使用两足以直立的姿态行走，只是步伐没有现代人那般平稳、矫健。随着前后肢出现分工，古猿具备了更加优良的使用天然工具或武器的技能。古猿的脑结构重组并缓慢扩大，即神经元大小以及分枝和密度发生变化。古猿的这些体质形态的变化，为人类的体质形态的产生奠定了自然前提。

（2）古猿的群体结构向着大规模和严密化的方向发展

转入热带草原生活的古猿，为了保障自身的生存，必须防御猛兽与开展群体狩猎。这便需要群体组织起来，形成可以抵抗猛兽的自卫性力量。随着从林栖向地栖的转变，古猿的群体规模愈发庞大，组织程度也愈发严密。转入热带草原生活以后的古猿群体结构开始表现出两个鲜明的特点：一方面，群体的协同行为是依靠面对"首领"的定向方式实现的，即每一个群体的成员都把注意力集中在作为首领的一个或几个古猿身上，整个群体的行动直接把首领的思想与行为作为标准，这样可以确保整个群体活动的和谐；另一方面，面对"首领"的定向方式主要借助于群内原先已有的协作互助关系来实施，也就是通过采用姿态、手势等交际方式，并对其形成明确的认知与理解之后推行。古猿的群体结构，是人类社会组织形式借以发生的生物学前提。

总而言之，转入热带草原生活的古猿，已经是一种直立行走、大脑较为发达、能从事经常性的狩猎、过着群居生活的高级类人猿。无论是个体行为的复杂程度，还是群体结构的复杂程度，古猿都远远高出其他一切灵长类动物。从时间上看，到距今约300万年前，古猿已经为人和人类社会的形成准备好了一切必要的自然前提。

2.劳动在从猿到人转变过程中的作用

劳动创造人，并不意味着人类在出现前就具有劳动能力。在人类从古猿进化而来的过程中，人类的生物形态不是一蹴而就的，而是逐渐过渡演化而来的。同理，劳动也不是古猿本身所具备的能力，而是他们在活动过程中逐渐形成和发展而来的。换言之，创造了人本身的劳动并不是一开始就存在的一种活动形态，而是在古猿到人的生物演化过程中逐渐生成与演化而成的劳动形式。只有通过这样的劳动，人类的生物形态和社会关系才能达到统一。劳动虽然是随着古猿的动物本能的发展而演化来的，但是并不等同于动物本能，它们依旧表现出实质性的差异。在自然界中，许多动物都懂得如何筑巢、如何觅食等，甚至一些动物的活动已经达到了特别高的水平，但是这些活动是毫无意识、出于本能的。

人类劳动和动物本能活动的差别表现在以下方面：

第一，制造工具是人类劳动与动物本能活动之间最根本的差别。人类的生产劳动离不开工具的制造和使用，但动物的活动大多只需要自身躯体的配合，即使制造了工具，也是比较简单的工具而且使用频率极低。人类在制造工具时会运用特定的中介体，即制造工具的工具，如敲琢石块的石块、修整木棍的贝壳、制造机器的器具等；而动物制作工具通常只用自己的身躯，并没有借助外力。

第二，人类劳动是带有一定意图与计划的自觉活动。这种活动的结果预先已经存在于人的表象里，如打制一把石刀之前，头脑中就已先有了这把石刀的模样。而动物的活动只是在本能驱使下的自然反应，它们并不会在制作工具前在脑海中预设出相应的物象。

第三，人的劳动能够对自然界起到一定的积极作用。人的生产活动一般是按照事物的特性和规律来进行的，可以在自然界中进行深刻、有效的改造活动，使自然界留下人类意识的痕迹。动物的活动只是为了顺应自然界，为了适应自身的尺度和本能需求而产生的。可见，人类劳动对自然界的影响极大，而动物活动对它的影响较微小。它们之间的明显差异充分展现了人类和动物的实质性区别。

虽然动物的本能活动与人类劳动间表现出根本的不同，然而却不具备不可跨越的障碍。人类正是由动物本能活动向人类劳动过渡的过程中，在古猿向人进化的过程中产生的。从古猿到人的演化过程中，动物的本能活动过渡为人类劳动经历了一个重要的中间步骤——人类最初的动物式本能劳动。这种劳动形式形成于古猿直立行走和前后肢分工的阶段，主要是古猿生存环境和生物进化的产物。这种本能式的劳动会推动手、脚的专门化发展，让前肢变得更加灵巧。手的拇指与其他四指成 90°，并且能够向内转 90°，这种鲜明的灵活性让古猿的前肢可能转变为制造与运用工具的人手。由此可见，手不仅是劳动的器官，还是劳动的产物，手的专业化意味着工具的出现，而工具意味着人对自然界具有改造作用的反作用，意味着生产。所以，从手脚分工开始，人类便处于形成之中。当然，正在形成中的人并非真正意义上的人，其劳动并未彻底摆脱动物的本能活动形式，然而，在这种劳动中已经出现人类劳动的萌芽，他们使用天然工具进行劳动更为频繁，逐渐成为赖以生存的必不可少的活动方式；他们采用天然物的类型、形式愈发丰富，劳动的内容与形式也变得更加繁复，不如一般的动物活动那般简洁。尤其重要的是，他们已经开始制造工具。

在大约 20 万年前至 10 万年前出现的智人，是真正的人类形成的开端。从智人起，人类的身体至今再没有发生根本性的变化。智人时期的显著特征，是在劳动中使用了大量的各种各样的人造工具。制造工具是真正人类劳动的标志，也是人猿揖别的标志。

人类劳动是人们运用自己制造的工具有意识、有目的、有计划地改造自然的社会实践活动。这种劳动和人类语言、意识、社会关系的形成具有非常紧密的联系。

人类的社会关系发端于猿的群体关系的基础之上。人类祖先的所有活动都是通过群体的形式开展的。在残酷的自然面前，他们不得不以群体的联合力量和集体行动来弥补个体自卫能力的不足。相较于动物个体间的联系，这种群体联系显得更加稳固与宽泛。这种联系是一种社会化的联系。劳动的发展一定会使群体的社会联系变得更加宽泛与紧密。完全形成的人出现以后，猿群世界里多了一个"社会"因素，此时猿群便成了人群，原本的社会关系也就成了现在的社会关系。意识和语言都是劳动和社会的产物。随着手的发展以及人类劳动的形成和扩展，人类祖先也形成了更加开阔的眼界，他们借助劳动在自然对象里不断发现往常不了解的新属性，来自自然界和群体内部的大量新的刺激不但推动了脑髓的发展，而且提供了产生意识的迫切必要性和现实可能性。最初出现的是对个别实际效益及其条件的意识，后来逐渐发展成为对制约这些效益的自然规律的意识。与此同时，语言就产生了。由于劳动的发展，人们需要进行社会交往，并互通信息和交流经验。于是，在漫长的进化过程中发展起来的发音器官，逐渐发出音调抑扬顿挫的一个个音节。一定的音节和一定的意识相结合，就成为语言。

在动物本能活动转化为人的劳动的过程中，社会关系、意识和语言等人类的特性逐步形成，并在人类的形成和成熟中逐渐完善。这些特性的产生不仅是人类劳动演化过程完成的标志，还是劳动发展的新动力，是人类劳动与动物本能活动之间较大差距形成的象征。与此相应的，社会生活的特殊规律也逐渐代替自然规律而成为社会的主导规律。地球上的人类与人类社会，由此从自然界里分化出来。

在人类起源到形成的过程中，劳动总是发挥着决定性的作用。人类从动物界中演化出来最明确的标志就是通过有意识、有目的、有计划的劳动改造自然。可见，劳动推动了人类的演化，即劳动促进了最初的动物本能形式向后来的人类自觉形式的发展。

（三）劳动创造了世界

1.自在世界与人类世界的认知

世界有自在世界和人类世界之分，二者是相对应的。自在世界其实就是指人们常说的天然的自然世界，以人类诞生为界线又可以划分为没有人类存在的自然世界和有了人类之后的自然世界，这个自然世界是无限广和无限深的，无论人类如何活动都会有暂时不能发掘的部分，而这暂时没有被人化的部分就是自在世界。人类世界是指经过了人类活动后形成的世界，也就是"人化自然"和人类社会的结合体。这里的"人化自然"指的是人类通过一定的劳动赋予自然"人味儿"后的世界。

从概念来看，自在世界和人类世界都具有一定的客观实在性。人类世界并不是人们独立于自在世界打造出来的，而是将自身的本质力量运用在自在世界中存在的材料之上而构建出来的。通过劳动，人虽然可以改变天然自然的内外部形态，甚至是使规律产生效果的条件，但是改变不了天然自然的客观实在性。

反之，天然自然在劳动的作用下可以进入人化自然和人类社会，并为人类世界的客观实在性打下自然基础。

自在世界与人类世界是存在一定差异的。从根本上来看，自在世界是一个纯粹的自然界，独立于人的活动或尚未被纳入人的活动范围，它不受人的活动的影响而以自己的形式运动变化着。所有的事物都处于盲目的相互作用里。人类世界与人类活动形成了紧密的联系。人化自然是天然自然被人类活动改造而成的世界，它是人类需求、意愿和意识的体现。人的社会关系则是指人类活动的对象化。人类世界是独特的，因为在这个世界中的人具有主体性，而且人类世界对人的实践活动具有依赖性。即便如此，人类世界并不能完完全全地脱离自在世界，因为它是在自在世界的基础上存在和发展的，但这并不意味着人类世界是自在世界的延伸。概括而言，人类世界和自在世界之间是有明显区别的，人类世界是劳动对象化的结果，而自在世界是尚未经过劳动改造的自然存在。

2.人类的形成及其与自然界的关联

人类通过劳动不仅改变了天然自然的形态，还在自然界的因果链条中注入了人的目的性因素。在此基础上，这个自然界的因果链条会按照同样客观的"人类本性"继续运转。虽然劳动只能改变自然物的外在形态而不能改变其本质，但是人可以利用它将内在尺度转移至物质对象上，并对物质转换活动的方向和过程进行规范，从而完成自然物的自在存在形式的改变。在劳动中，天然自然就是"自然人化"的过程，其结果就是从天然自然中分化出人化自然，使自然界在人的劳动过程中不断获得属人的性质。

自然的"人化"过程少不了人类的劳动参与，同时也促进了自然与人类社会的关系的形成。可见，自然人化的过程就是人类社会诞生和发展的过程，既无法脱离人与人之间的社会关系，也无法摆脱人与自然的现实关系。换言之，"人化自然"的实现离不开社会关系的参与。在人的劳动过程中形成的人化自然与人类社会，构成了独特的人类世界。

自在世界和人类世界在保持着各自特性的同时也存在着深厚的内在关联。这种内在关联表现在以下几个不同的层面：第一，人类世界的诞生和发展是以自在世界为前提的，人类通过劳动同化了天然自然，将其转化为自己的本质力量，并对这种本质力量进行对象化处理，使这种本质力量最终归于人类世界；第二，形成后的人类世界对自在世界有一定的抑制作用，这也是人的本质进入自然存在和自在世界的界限持续变化的主要原因；第三，人类世界与自在世界的区分并非固定不变的，二者之间也没有形成明确的界限。人们凭借着自身的努力与劳动不断使自在世界转变为人类世界，在自在世界与人类世界间构建起彼此连通的桥梁。

3.劳动创造世界的重要表现

劳动创造出一个与自在世界对立统一的人类世界。人类世界的内容包括自然与社会两个不同层面。在人类世界里，自然和社会彼此制约与渗透，呈现在大众眼前的便是被社会改变的自然和受自然制约的社会。

人类世界里的自然并非与人类没有任何关联的自然，它是人类通过劳动"加工"而成的。人类不仅能对自然存在进行改造，还能凭借劳动使自身的意图也融入自然存在，并让自然存在体现出鲜明的社会性。这是因为人类在加工、改造自然时都借助了一定的社会形式，也就是说在人类世界里，自然（人化自然）有着鲜明的社会痕迹。人类世界中的自然与人有着微妙的关系，自然在某种社会形态的制约下被人采用某种形式、内容进行了改造。换言之，人类世界中的自然是不能完全脱离社会形式的。因此，人类世界里的自然不仅具有客观的物质实在性，还因其在形成过程中受社会形式的影响而具有一定的社会历史性。由此可见，人类世界中的自然属于社会的范畴。

在人类世界里，不仅自然离不开社会形式，社会也不能离开自然。社会的形成和发展是在人与自然的物质变换中进行的，人类历史就是自然界与人的物质变换过程。在这个人类世界里，自然虽与社会有着一定联系，并作为社会生存和发展的一种条件而存在，但其作为客观存在的本身规律不会完全被占有它的社会历史所消融。社会的目的、需要只有通过自然过程的中介才能实现，人和自然之间的物质变换构成了社会存在和发展得以实现的永恒的自然必然性。从这个角度来看，人类社会是自然的社会。但是，社会不是纯自然的社会，也不是超自然的社会。如果人与自然均脱离了社会的关系，社会就是一片虚无。

在人类世界里，无论是自然还是社会都是在人类的"对象性活动"中形成的，这个"对象性活动"实际上就是指劳动，劳动就像一个中介为社会与自然之间的相互影响搭建了一座桥梁，具有基础性作用。简单而言，人类世界的形成和发展是以劳动为依据和基础的，并随着劳动的导向而不断运动。人类世界是一个比较复杂的概念，不能将它简单概括为人的意识，也不能把它归结为天然自然。人类意识、人类社会以及整个人类世界对天然具有不可还原性。社会的自然和自然的社会的实现或表现是不能脱离人类劳动的，也就是说人类世界只能存在于劳动中。

总而言之，人类世界的形成和发展过程都体现了劳动创造世界这一命题。现实世界的形成与发展离不开人类的劳动，它存在于劳动过程中，并随着劳动的持续发展而不断变化着。因此，现实世界成为一个动态变化、层次丰富的开放体系。

（四）劳动创造了价值

1.商品与商品经济

商品是满足人类需求以交换为目的的劳动产品。人们还能从以下几个方面感知商品的内涵：第一，商品必须是人们需要的物品，具有一定的使用价值。但是，并不是所有有使用价值的物品都是商品。例如，阳光是人类生存的必需品，但它是大自然对人类的馈赠，人们可以尽情使用，并不需要通过交易获得。第二，商品是一种劳动产品，如从超市购得的蔬菜、水果、服装等商品都是通过人们付出劳动生产出来的。第三，只有为了满足他人或社会消费需求而生产的劳动产品才是商品，但这并不意味着能够满足他人或社会消费需要的、有用的劳动产品就是商品。例如，一位手巧的姑娘把自己钩织的围巾赠送给经济困难的孩子，虽然围巾满足了孩子的需求，但它是无偿赠予的，因而不算商品。第四，经过了有偿交换并能满足人们需求的劳动产品才能成为商品。换言之，有价值的劳动产品要转变成商品，就必须通过市场交换的形式提供给人们以满足其消费需求。根据上述分析可知，商品是满足人们某种需要的、用来交换的劳动产品。此外，以交换的形式满足人们消费需求的劳动产品称为商品，这种劳动产品的生产则称为商品生产。这里的交换是说商品之间相互转让或买卖的过程。而在交换目的的催动下进行的以商品生产和商品交换为内容的经济形态称为商品经济。由此可见，商品经济是商品生产和商品交换的总和。

商品经济是一种与自然经济相对立的经济形态。自然经济活动是一种直接满足生产者或经济单位自身需求而进行的生产活动，可以用自给自足来形容，它在原始社会时期就已存在。在奴隶社会和封建社会中，尽管商品经济已经出现，然而其依旧处在从属地位，自然经济依旧具有统治性的地位。在自然经济形态中，几乎所有经济活动都是在生产者个人或本经济单位范围内完成的，而且生产的绝大部分产品都是自身所需的物品。在这种经济形态下，生产规模一般都比较小，劳动生产能力也比较低，各生产者或经济单位之间并没有太多联系，因而社会总生产趋势处于迟缓发展的状态。在我国，农村区域广阔，从前有很长一段时间都以自给自足的自然经济为主，直到封建社会的瓦解和社会生产力的不断提高，我国农村自然经济才逐渐为商品经济所替代。与自然经济相比，商品经济明显更有优势。在商品经济条件下，不同生产者或经济单位间，具备明显的分工协作关系。这些生产者或经济单位各自专业化地生产着某些领域或某种产品的某些部分。他们之间联系紧密，形成了一个社会生产系统，劳动生产率比自然经济形态下提高了很多，在很大程度上推动了社会生产力的进步。

综观商品经济的产生和发展，它不是一开始就存在的，而是在一定的社会历史条件中产生和发展起来的。当然，商品经济也不会永远存在下去，它终将在某一时刻被其他形态的经济所替代而消亡。自然经济形态下的原始社会生产力较低，人们从事着精简的集体劳动，相互协作，且没有明确和严谨的社会分工，而是自然分工（即按性别和年龄自然形成的分工）。原始社会时期以氏族公社为单位开展劳动，没有先进的生产工具，也没有较高的生产率，只有十分稀少的依靠狩猎与采集到的生产资料。为了确保所有成员可以生存下去，只有采取平均分配的方法。在这种条件下，生产出来的产品只够维持人们自己生存的最低需求，根本就不可能进行交换活动，因而这一时期只有一种自给自足的自然经济存在，从来没有出现过商品经济。

产生商品经济的前提条件主要有两个方面：第一，社会生产力和社会分工都发展到一定程度。社会分工指的是社会劳动不再像从前那样以氏族公社单位进行，而是分成了各种行业及部门。社会分工出现以后，各生产者或经济单位开始专门生产各种产品。为了更充分地满足自身在生产和生活方面的需求，他们开始相互交换资料或产品。随着经济的发展，社会分工越来越精细，生产活动越来越专业化，相互交换的资料或产品也就越来越多，这就为商品经济的出现提供了良好的生产基础和交换条件。第二，决定商品经济的产生和发展的条件是生产资料的所有者与劳动产品的所有者不属于同一个单位。在商品经济中，每个生产资料所有者都是一个独立的经济主体，代表着特定的经济利益。为了维护自己的经济利益，各经济主体在彼此发生经济联系或互换产品时形成了一定的交换原则，要求资料或产品之间的交换必须是等价的，因此他们的劳动产品就以商品形式进行生产和交换，从而产生了商品经济。因此，商品经济出现的决定性条件就是随着生产资料私有化的产生而出现的具有独立经济利益的资料或产品所有者的存在。

综观社会经济的发展史，商品经济从原始社会末期发展到现在的社会主义社会经历了一个漫长的时期和多个复杂的社会制度。在这些不同性质的制度下，商品经济以各种各样的形态（如小商品经济、资本主义商品经济和社会主义商品经济）存在着。从原始社会末期到封建社会时期，商品经济是从属于社会经济的，它只起到填补自然经济空缺的作用。直到社会进入资本主义阶段，商品经济代替了自然经济的统治地位，成为社会经济形态的主导力量。我国的社会主义市场经济体制下依然存在着商品经济，并且在一定条件下仍在持续发展与繁荣。

2.商品的二因素

商品首先是一个具有一定使用价值的物品，可以使人类的某种需求得到充分的满足。例如，粮食能够充饥，服装能够御寒，花卉能够装饰房间并愉悦心情等。物品这种有用的性质或能够满足人们某些需求的特性称为使用价值。使用价值是商品必须具备的，也就是说没有使用价值的物品不可能成为商品。

不同商品的使用价值是不一样的，同类商品也可以有多种不同的使用价值。随着生产力水平的提高和科技的快速发展，商品的使用价值逐渐变得多样化。例如，煤在从前只被用作燃料。科技进步以后，煤被人们提炼成各种化工原料，这些原料又被制成了各种各样的产品，如杀虫剂、糖精、化肥、合成橡胶等。

使用价值无论在何种社会形态下都是组成社会财富的重要内容。一件物品在物理、化学等方面的特性决定了其使用价值的属性。因此，商品的使用价值是一种自然属性。它只是商品价值的物质承载者，不会随着社会经济关系的改变而发生变化，也不会对社会生产关系有所反映。商品必须具有使用价值，但具有使用价值的物品不全是商品。要使有用物品真正成为商品，就必须以市场交换为途径满足他人相应的需求。换言之，商品必须有交换价值。交换价值首先表现为一种使用价值同另一种使用价值相交换的量的关系或比例。例如，商品生产者拿 2 把菜刀换了 1 只鹅，此时菜刀和鹅是使用价值相交换的量的关系，可以用 2 把菜刀的使用价值等于 1 只鹅的使用价值的关系式来表示。当然，这 2 把菜刀还可以与其他有用的物品相交换，如 1 条裤子、2 斤虾、15 斤大米等。这说明，几种不同使用价值的物品在交换时会产生不同的量的关系，形成各种不同的交换价值，这些交换价值并不是一成不变的，而是会随着时间、地点等因素的改变而发生一定的变化。这种变化会让人觉得交换价值产生于偶然间或者是随着商品使用价值的属性变化而改变的，它不会改变交换价值的内在构成部分。但实际上，不同商品之间能够按照一定比例来交换并不是由使用价值的性质决定的，也不是在偶然中产生的。这是因为只有性质相同的物品才能在量上进行比较，而不同性质的物品是不可能用量来衡量的，且不同商品的使用价值有不同的性质。

究其原因，具有不同使用价值的不同商品之间存在着某种共同点，这使得它们能够相互比较，从而可以以一定的比例进行交换。当然，这种共同点就是它们都凝结了人类辛勤的劳动，并且在性质上是相同的，所以可以进行量的比较。一切商品都是经过人的辛勤劳动形成的物品，包含了一定数量的劳动，这些劳动都是人们脑力和体力的合力支出，具有一定的规范性，即无差别的劳动。它们通过一些技术的支撑凝结成一个个有价值的商品。所以可以将价值视为无差别的一般人类劳动。因此，具有不同使用价值的不同商品之间能够进行一定比例交换的原因从本质上讲应该是它们都有一定的价值。只有在质上相同而在量上不同的物品才可以进行比较和交换。由此可见，价值和交换价值是相互联系的两个因素，即交换价值以价值为基础，而价值以交换价值为表现形式。

虽然无差别的一般人类劳动可以凝结成价值，但是不是所有的一般人类劳动都可以凝结成价值。确切地说，一般人类劳动要形成价值必须具备一定的商品经济发展环境。换言之，劳动形成价值的前提是商品经济的存在。虽然有用的物品对人类而言都具有使用价值，但并不是所有有用的物品都能体现出价值。总之，有用的商品才具有价值，价值为商品所独有，它是商品与物品之间最本质的差别。

综上所述，一个商品包含了两个属性：一是自然属性，即体现了人与自然之间关系的使用价值；二是社会属性，即体现了各商品生产者之间相互关系的价值。这两个因素的对立统一关系最终促成了商品的形成。

从整体上来看，商品的使用价值和价值是统一的。首先，要使物品具有价值，就不能缺少使用价值。因而商品必定具备使用价值和价值双重属性。其次，价值是以使用价值为物质承载寄托在商品中的，可以说使用价值和价值是协调统一于商品中的。

从某种程度上看，商品的使用价值和价值又是相互矛盾、相互排斥的。在商品生产者的眼中，生产商品的最终目的是实现价值而不是获取使用价值。商品生产者认为，商品使用价值的意义是为价值做物质承担者。在消费者看来，商品存在的目的就是它的使用价值，而不是价值。通常，商品生产者会为了拥有价值而选择放弃使用价值，再把它出售给消费者；而商品消费者则会为了拥有商品的使用价值而主动抛弃它的价值。可见。无论是商品生产者还是商品消费者，都不可能同时占有商品的使用价值和价值。

第二节　劳动教育

一、劳动教育的理念解读

劳动教育是发挥劳动的育人功能，对学生进行热爱劳动、热爱劳动人民的教育活动，是实现中华民族伟大复兴基础工程建设的重要环节。劳动教育理念贯穿于中国特色社会主义教育事业的全过程，是丰富中国特色社会主义教育的必然要求，对推进教育事业的改革具有现实意义。

（一）劳模精神的教育理念

劳模精神是引领时代新风的精神高地，是一种人文精神，体现了中华民族顽强拼搏、自强不息的精神风貌。每个时代的劳模都代表着一个时代的价值观、道德观。广大劳模用自己的行动展示了劳动的价值，铸就了爱岗敬业、争创一流、艰苦奋斗、勇于创新、淡泊名利、甘于奉献的劳模精神。劳动模范是时代的引领者，劳模精神则是推动时代进步的精神力量。在不同时代，人们肩负不同的使命，但劳模精神给予人们的鼓舞力量不会改变。

（二）"五育并举"的教育理念

教育是全社会的事业。早在 1912 年，蔡元培就在《东方杂志》上发表《对于教育方针之意见》，提出"五育并举"的思想，对当时的教育改革起到了很大的作用。

如今，随着"五育并举"教育理念的提出，将劳动作为教育的重要内容之一，不仅促进了学生个体实现自由全面发展，而且回应了新时代我国教育方针的价值追寻，赋予劳动教育崭新的价值理念，更加体现了新时代我国培养高水平人才的高标准。

（三）创新的劳动教育理念

创新是一个民族进步的灵魂，也是一个国家兴旺发达、不断进取的动力。创新劳动离不开对创新型劳动者的培养，新时代科学技术的发展以及经济社会的升级转型也离不开创新型劳动人才。创新劳动与以往传统的劳动形式不同，它全面提高了劳动的社会生产率，也提高了"人的劳动创造率"，同时也让劳动者开始追求创新以激发自己的劳动潜能，全方位地调动了劳动者的生产积极性。如今，经济的飞速发展，新的科学技术不断显现，对知识型劳动人才的需求越来越大，创新劳动也体现了一个国家的创新能力，能够不断提高我国的综合国力。面向新时代，我们必须培养创新型人才，以实现中华民族的伟大复兴。

二、劳动教育的特征分析

（一）强化劳动观教育，传承劳动精神

新时代的劳动教育要培养学生正确的劳动观，通过劳动课程讲清楚劳动理论、培养学生的劳动意识和劳动情感，通过弘扬"劳模精神""工匠精神"等使学生形成对劳动和劳动者的正确价值判断，引导学生崇尚劳动、尊重劳动，

树立以辛勤劳动为荣的荣辱观，摒弃不劳而获的思想，坚定通过劳动创造幸福美好生活的信念。

1.崇尚劳动

劳动是财富的源泉，也是幸福的源泉。人世间的美好梦想，只有通过诚实劳动才能实现；发展中的各种难题，只有通过诚实劳动才能破解；生命里的一切辉煌，只有通过诚实劳动才能铸就。当代大学生要懂得劳动是推动人类社会进步的根本力量，是美好生活的源泉，劳动光荣、崇高、伟大。

2.尊重劳动者

在当今社会背景下，我们越来越需要重视并尊重劳动者的重要性。我们不仅要高度赞赏脑力劳动者的贡献，还需要同样尊敬那些默默奉献在体力劳动一线的人们。

3.弘扬时代精神

新时代的精神是一个国家和社会前行的引擎，劳模精神、劳动精神、工匠精神是以爱国主义为核心的民族精神和以改革创新为核心的时代精神的生动体现，是鼓舞全党全国各族人民风雨无阻、勇敢前进的强大精神动力。对于年轻一代而言，尊崇劳动模范和学习先进事迹，弘扬劳动精神，就是弘扬拼搏、创新、责任的时代精神，是成为未来社会栋梁的重要路径。

（二）强调身心参与，重视手脑并用

新时代劳动教育强调身心参与，重视手脑并用，从劳动中获得知识、技能与价值观教育，增强职业荣誉感和责任感，提高职业劳动技能水平，培养积极向上的劳动精神和认真负责的劳动态度。

1.深化劳动教育理念

深化大学生劳动教育是一项至关重要的使命，旨在促进他们的全面发展。劳动教育不仅是培养学生实际操作能力的重要途径，更是引导他们树立正确的生活理念、培养社会责任感及积极向上的生命精神的重要途径。通过在劳动中的实践，大学生可以逐渐构建起整合性的劳动认知体系和价值信念，将劳动视为一种探索、创造和奉献的途径，从而在成长的道路上迈出坚实的步伐。

2.培养学生必备的劳动能力

为了培养大学生必备的劳动能力，我们需要从多个方面着手：首先，品格的培养与能力的锻炼是并重的目标；其次，在课程设置上，应将理论与实践有机结合，让学生在实际动手中体验到知识的价值；最后，要确保学生能够充分参与劳动教育，创造出良好的学习环境。因此，要通过提供严格的做人做事训练，培养学生在劳动中的综合素养，使他们能够在实践中不断成长，并将所学应用于日常生活和未来的职业领域。

3.培养良好的劳动习惯与品质

培养良好的劳动习惯与品质，需要从培养学生对劳动的热爱和理解劳动的重要性开始。劳动教育必须与实际工作密切结合，通过亲身实践，让学生深刻体会到工作的意义。在这个过程中，培养良好的劳动习惯与品质显得至关重要，这将有助于提高生活自律的能力、培养刻苦学习的态度，以及激发资源节约的觉悟。最终，学生将能够从工作中获得成就感和自豪感，领悟到工作的乐趣，并持续地投身于各项社会事业的建设中。

（三）拓展劳动方式，创新教育途径

新时代劳动教育重视劳动育人、实践育人的优良传统，要拓展劳动方式，创新教育途径，结合专业课程引导学生参加社团活动，引导学生走进社区、走向农村、走上街头开展志愿服务，鼓励学生利用假期时间做家教等。归纳起来主要有日常生活劳动教育、职业体验劳动教育、社会实践劳动教育、创新创业劳动教育等四种类型。

1.日常生活劳动教育

日常生活中的劳动教育在学生的培养中具有重要地位。宿舍卫生维护和个人生活事务处理等活动扮演了培养学生卫生习惯和自主能力的关键角色。通过定期的宿舍卫生维护，学生不仅学会了保持环境的整洁，还培养了集体协作和任务分工的意识。处理个人生活事务，包括洗衣、烹饪等，使学生逐渐掌握了基本的生活技能，增强他们的自我管理能力。这些经验不仅有助于学生更好地适应校园生活，还为他们日后的社会生活提供了实用的生活技能。此外，日常生活中的劳动教育也强调培养学生的自立自强意识。通过亲手解决日常生活中的问题，学生逐渐培养了解决问题的能力，增强了自信。他们学会了从小事做起，不依赖他人，积极面对挑战。这种自立自强的精神将对他们未来的发展产生积极作用。

2.职业体验劳动教育

职业体验劳动教育使学生能够更加深入地了解真实的生产和服务性劳动。通过实验实训和校外实习，学生接触到了不同行业的工作环境和流程，从而培养了职业认同感和工匠精神。他们逐渐理解到，每一个职业都需要专业知识和技能的支撑，而这些掌握技能需要持之以恒的努力。

在职业体验劳动教育中，劳动态度也得到了培养。学生通过亲身体验，体会到了劳动的辛苦和重要性。他们逐渐形成了尊重劳动、尊重他人劳动成果的态度。这种劳动态度将成为他们未来职业生涯中的宝贵财富，让他们更加踏实地投入工作。

3.社会实践劳动教育

社会实践劳动教育使学生更加深入地参与到社会中，体验到服务他人的价值。积极参与志愿服务、勤工助学以及其他社会实践活动，不仅可以让学生更加关注社会问题，还可以让他们明白自己作为一名公民应承担的责任。

在社会实践劳动教育中，培养社会公德和爱国情怀也是重要目标。通过与不同背景的人交往，学生更好地理解了社会的多样性和包容性；同时，参与到社会中，他们也更能感受到国家的进步，从而培养了深厚的爱国情怀。这些感受将激励他们为国家的繁荣稳定贡献自己的力量。

4.创新创业劳动教育

创新创业劳动教育培养了学生的创新思维和实践能力。通过实践训练，学生学会了从不同角度思考问题，寻找创新的解决方案。同时，学习新技术也使他们能够更好地适应快速发展的社会。探索新工艺、运用新方法，让学生在实践中锤炼了自己的创新创业能力，这种创新创业劳动教育培养了学生的冒险精神和团队合作意识，使他们敢于尝试新领域，勇于面对风险。同时，团队合作也成为创新创业过程中不可或缺的一部分，学生通过团队合作更好地理解了集体智慧的力量。

第三节　新时代大学生劳动教育的时代内涵和价值意义

一、新时代大学生劳动教育的时代内涵

劳动是推动历史发展的根本力量，热爱劳动是中华民族的优良传统。在新时代下，将劳动教育纳入国家教育事业中是十分必要的，如何在学校开展劳动教育成为现阶段亟须解决的问题。鉴于此，高校应以立德树人为根本任务，精准地把握新时代大学生劳动教育的时代内涵，以此来摆脱目前劳动教育的困境，从而培养出更多德智体美劳全面发展的高素质人才，为现代化社会主义国家的建设贡献力量。新时代大学生劳动教育的时代内涵主要体现在以下几个方面：

（一）教育目标更高

要在学生中弘扬劳动精神，使学生养成崇尚与尊敬劳动，懂得劳动光荣、崇高、伟大的道理，使学生养成良好的劳动精神，成为新时代具有大爱、大德

和大情怀的人，并成为德智美体劳全面发展的社会主义建设者和接班人。

（二）教育内涵更广泛

新时代发展下的大学生劳动，不仅是传统意义上的劳动，更是集学习、实践、创业、奋斗等为一体的劳动。物联网、云计算、大数据等技术的蓬勃发展，使以往大学生的劳动形式和劳动领域、岗位等发生了翻天覆地的变化，具体表现为大学生的劳动教育内涵更加广泛，除了要注重传统劳动精神、品德及习惯的培养，还要重视劳动形态、认知、科学知识与技能的培养，强调以劳动价值观为核心，更加重视人的全面发展。

（三）教育方式更丰富

在新时代，劳动教育方式要比以往更丰富，且具有时代性。在采用传统劳动教育方式时，也要合理运用信息技术实施劳动教育，增强教育的感染力和吸引力，从而更好地传播劳动价值观，将其渗透于学校生活的方方面面中，促使劳动教育更具有时代性，增强其互动性和即时性。

二、新时代大学生劳动教育的价值意义

新时代大学生劳动教育的价值意义如下：

（一）有助于促进学生全面发展

大学生正身处于一个极为重要的成长时期，他们的人生观、价值观以及世界观正在逐渐形成，但尚未完全成熟。与此同时，高速发展的网络时代使得他们不可避免地受到各种不良思潮的冲击，给其理想信念造成严重干扰，限制了他们的全面发展。因此，在这个背景下，将劳动教育融入大学教育体系显得尤

为紧迫而必要。这一举措有助于大学生自觉地抵制不良文化的影响，通过强调学生的劳动实践与培育劳动精神，促使他们形成正确的劳动观，从而推动他们成为全面发展的社会主义建设者和接班人。

（二）有助于实现中国梦

中国梦的实现离不开劳动和劳动者在国家奋斗征程中的关键作用，需要培养一支高素质的工人队伍。大学生群体是未来国家发展的主力，其劳动意识、精神素质以及内在追求的培养，都将为新时代国家发展提供强大的人力、智力和创新支持，从而助推中国梦的实现。因此，高等教育机构在不断发展的过程中要与新时代融合，将劳动教育有机融入教育体系，这一融合不仅有助于培养更多高素质的人才，还为国家的发展提供了坚实的基础。

（三）有助于落实立德树人这一根本任务

劳动教育被视为培养和践行社会主义核心价值观的重要途径之一，它在高校教育中扮演着不可或缺的角色。如果缺乏劳动教育和实践，思政教育就会变成无源之水，失去了核心的教育内容。因此，劳动教育在理论联系实践中具有极其重要的作用，能够促使学生形成正确的价值观。作为高校教育的重要组成部分，劳动教育不仅有特殊的思政教育功能，还更贴近学生的实际需求，可以促进思政教育更具针对性，更好地落实立德树人这一根本任务。此外，它还有助于打破传统的唯分数论倾向，使学生在劳动中强身健体、提升综合素质，从而为建设社会主义提供坚实的基础。

第二章　新时代大学生
劳动教育中的课程教学

第一节　新时代大学生
劳动教育环境

新时代的中国社会正处于快速发展和深刻变革之中，这深刻地影响着大学生的职业发展和就业前景。在这一背景下，劳动教育成为培养大学生综合素质的关键手段之一。然而，对于新时代大学生劳动教育环境，需要从以下几个方面进行理解：

第一，社会背景。新时代中国社会正经历着前所未有的快速变革和发展。信息技术的普及和社会结构的变化已经深刻地改变了就业市场的面貌，随着互联网和数字化技术的普及，许多传统职业正在消失，同时新的职业领域不断涌现。这种社会背景要求大学生具备更广泛的职业技能和综合素质，以适应不断变化的职场需求。劳动教育需要适应这些变化，培养学生的创新能力和解决复杂问题的能力，提高学生的职业竞争力和适应力。

第二，教育政策。政府出台了一系列教育政策，鼓励高校将劳动教育纳入教育体系，并提供相关资源。这些政策为大学生劳动教育提供了制度性保障，使其在学校更容易融入教育体系。政府的政策导向促使高校积极开展各种形式的劳动教育项目，包括实践课程、实习机会和社会服务等。这些政策的推动有助于提升大学生的综合素质。

第三，高校环境。不同高校对劳动教育的推进程度和方式各有不同。一些高校积极提供校内工作岗位，为学生提供参与劳动实践的机会，这有助于培养他们的实际技能和职业素养。然而，部分高校可能面临资源匮乏等问题或受传统观念的制约，导致劳动教育的推广受到一定制约。高校的劳动教育环境直接影响学生的参与程度和体验质量，因此不同高校需要根据自身情况积极推动劳动教育的发展。

第四，家庭因素。大学生的家庭教育背景也对劳动教育产生影响。一些家庭可能更注重学术成就，将重心放在传统的知识学习上，而忽视了实际技能的培养。这可能导致一部分大学生在面对劳动教育时持消极态度，认为它与他们的主修课程不相关。因此，劳动教育需要更好地与家庭教育相衔接，使家长认识到劳动教育的重要性，并协同培养学生的综合素质。

第五，社会认知与文化。社会对大学生的期望和价值观念也在不断演变。在传统观念中，高等教育被视为传授知识和提升学术水平的工具，而劳动常常被低估。然而，随着社会对劳动价值和职业道德认知的提升，大学生对劳动的态度也发生了变化。社会的认知和期望会直接影响大学生参与劳动教育的积极性。此外，文化传统也会在一定程度上影响大学生对劳动的看法，不同文化背景的学生可能有不同的态度和价值观。

第六，全球化。全球化带来了跨文化交流的机会和挑战，劳动教育可以帮助学生适应多元文化背景下的工作环境。

第二节　新时代大学生
劳动教育课程化概述

一、劳动教育课程化的目标

劳动教育是国民教育体系的重要内容,是学生成长的必要途径,具有树德、增智、强体、育美的综合育人价值。劳动教育课程化旨在培养学生生存发展需要的基本劳动能力,使学生养成良好的劳动习惯,培养学生正确的劳动价值观和良好的劳动品质。可见,目标表述的中心词是围绕学生展开的,应让学生与世界真实相遇,将劳动教育延伸到家庭及社会中,把劳动知识还原为学生与世界互动的经验,通过学生经验世界的打开与抽象能力的发展,引导学生成为担当民族复兴重任的时代新人。因此,在目标精准定位上,一方面需要立足"职业共通能力",聚焦学生劳动素养,着眼学生全面发展,面向学生对劳动的思想认识、情感、态度、价值观和能力习惯;另一方面要根据学生的年龄特点和培养要求,细化各阶段劳动教育课程发展的目标,精准定位,构建层次清晰的一体化课程目标体系。

二、劳动教育课程化的"三化"结合

家庭、学校、社会协同是推进劳动教育的根本途径,在落实立德树人根本任务中具有重要意义。因此,劳动教育课程化发展应落实立德树人根本任务,体现国家的育人导向,以"国家化"为价值导向,以"社会化"为基础,连接与拓展学校"个别化"实践,"三化"结合,实现国家、地方、学校及家庭协同推进劳动教育课程的发展。

第一，"国家化"是以立德树人为根本指引，将劳动教育纳入人才培养全过程，从而培养具有积极劳动精神面貌、正确劳动价值观念和娴熟的劳动技能的社会主义建设者和接班人。

第二，"社会化"旨在满足学校具体社会文化环境的基本诉求，在政府统筹下，积极调动社会力量，充分发挥区域优势资源，合并、重组区域劳动资源，以充足的社会劳动资源支撑和保障育人目标的实现。

第三，"个别化"是指基于学校现实来构建劳动教育课程，也就是说"个别化"是学校劳动教育课程发展的基本立场和逻辑起点。这就要求劳动教育课程的每一个目标、每一种方法、每一个概念、每一种观念都应与学校现实发展相适应。

三、劳动教育课程化的开放交融

劳动教育课程化发展应将自我服务劳动、生产劳动、公益劳动、创意劳动等专题式劳动教育课程视为"稳定"的部分，在此基础上，将劳动教育课程"弹性"地融入或整合到学科课程、学科领域、社会文化之中，稳定与弹性并存，形成开放交融的内容体系。

第一，需要寻找到劳动教育与各学科课程的"稳定"联系，将劳动教育课程与各学科课程有机融合。我们生活于世界中，它的一切方面都是紧紧联结在一起的，一切学科都是在这个伟大的共同世界的各种关系中产生的。使学校与生活联系起来，那么一切学科就必然相互联系起来。而要实现有机融合，既要求教师找到劳动教育与各学科课程内容的契合点、联结点、融合点和发展点，又要求教师在劳动教育目标的指引下有意识地对课程素材进行阐释。

第二，需要从劳动教育课程内容上为学生提供多样化选择来满足学生个体的差异化需求，这应该是劳动教育课程化发展的努力方向。

四、劳动教育课程化对学生的滋养

改革不仅需要完美图景的导航，更需要课改主体的付出与行动，需要每一位课改实践者执着的追求、信念的坚守与创造性的践行。据此，教师应基于学生的生活经验引导学生去体验、探究，并让学生主动建构知识与动手操作。一方面，要依据学生的成长需求，让学生亲历实践，体认劳动的价值；另一方面，要让学生勇于承担责任，在生活问题的解决中提高劳动能力，培养劳动习惯，激发劳动智慧。如此才能让学生有"灵巧的手"，具备信息化时代需要的信息素养；有"聪明的脑"，能创新、善思维；有"温暖的心"，会交流、能合作。

五、劳动教育课程化的融合实施

要真正发挥劳动教育课程的育人功能，实施是关键。因为学校劳动教育课程若不能以"教"与"学"为核心进行转化与联结，则学生无法从中受益。因此，学校劳动教育课程实施是劳动素养目标经过一系列转化而落实在学生身上的过程。这就需要做好四个方面的工作：一是要切实将劳动教育课程作为学校课程体系的重要组成部分，不可偏废；二是要按照必修课要求保障劳动教育课程实施的人员、时间、场地、内容等条件，不可缺少；三是要根据单独设课、学科融合、主题教学及活动整合方式创新实施路径与方法，不可固化；四是要构建家庭—学校—社会协同实施的体系，充分发挥家庭的基础性作用、学校的主导性作用和社会的支持性作用，不可分离。

第三节 新时代大学生劳动教育
融入课程教学

一、新时代大学生劳动教育融入课程教学的重要路径

（一）坚持以人为本的教育理念

劳动教育是以学生为主体而展开的，要把以人为本的教育理念放在课程体系的核心位置，这就要求我们在进行课程体系设计时，充分考虑学生成长的阶段性和学生发展的时代性，采用他们易于接受、乐于参与的方式进行教育，避免枯燥单调的说教式教育。

关注学生成长的阶段性，就是要充分考虑学生在不同年龄阶段的生理和心理特点。将劳动教育融入课程教学，应重点关注理论性课程与实践性课程的有机结合，将劳动教育从理论课堂延伸至实践课堂，通过"学中做"到"做中学"的发展，在增强学生动手能力的同时，加深学生对理论知识的理解，进一步激发其好奇心，促进学生的全面发展。

关注学生发展的时代性，就是要根据学生成长的现实环境进行课程体系的迭代更新。对于新时代的学生，必须针对其成长的大环境和微环境，在原有课程体系的基础上进行更新，才能满足新时代劳动教育的需求。

（二）构建"劳动—反思"型教育模式

纯粹的劳动本身，并不是劳动教育的全部内涵。只有通过劳动后的反思和总结，才能真正发挥劳动教育的作用。因此，课程的设计要"有张有弛"，既要加强专业知识的学习和实践，让学生掌握广博的理论知识和劳动技能，又要

留出足够的思考时间，让学生从学习中领悟劳动的意义。构建"劳动—反思"型教育模式，要在知识学习的基础上设计交叉型、综合型的项目式课程，将"动手"与"动脑"有机结合。此外，教师不仅是学生的指导者，更是项目的参与者。在项目式课程中，师生共同研讨、总结，可以有效提升劳动教育的效果。

（三）采用灵活多样的劳动教育载体

不仅劳动教育具有鲜明的时代特征，劳动教育的载体也具有鲜明的时代特征。时代的发展，对劳动教育提出了新的要求，促使教育工作者必须吸收、采纳具有时代特征的劳动教育载体。随着云计算、大数据和人工智能等新一代信息技术的广泛应用，高校采用网络信息技术、虚拟仿真技术、人工智能技术等形式有效拓展了劳动教育的方式。例如：利用翻转课堂等方式开展劳动教育课程，给劳动教育增强了互动性、即时性、趣味性；利用新媒体进行全媒体传播，基于"两微一端"（微博、微信及新闻客户端）的网络平台，制作推广形象化、互动性强的新媒体宣传作品；利用 AR（增强现实）、VR（虚拟现实）技术打造虚拟工厂，实现沉浸式、交互式的劳动教育课程设计；利用激光扫描、增材制造等先进技术，"像素级"还原电影中的科幻场景，激发学生对新技术的探索；搭建综合性、交叉学科的创梦工厂，为学生实践梦想、创新创业搭建平台，引领学生在课程中加强思考与实践。

（四）明确劳动教育课程的总目标

要明确劳动教育课程的总目标，就要对劳动教育课程理念形成一个正确的认识。学生只有亲自参与到劳动实践过程中，体会到劳动的艰辛，才会由衷地尊重劳动和劳动者，认可和珍惜劳动成果。学生形成正确的劳动认识，有利于培养自身勤俭节约、艰苦奋斗、甘于奉献的良好品质。课程目标是学校在教学过程中的具体培养目标。因此，学校要开发和建设劳动教育课程，就要结合社会实践的需求，以促进学生全面发展和落实立德树人根本任务为根本目标，确定劳动教育课程目标，落实新时代社会背景下对优质人才培养的具体要求。

学校劳动教育课程的总目标包括以下方面：

一是树立正确的劳动观念，正确理解劳动是人类发展和社会进步的根本力量，认识劳动创造人、创造价值、创造财富、创造美好生活的道理；尊重劳动，尊重普通劳动者，牢固树立劳动最光荣、劳动最崇高、劳动最伟大、劳动最美丽的思想观念。

二是具有必备的劳动能力，掌握基本的劳动知识和技能，正确使用常见劳动工具，增强体力、智力和创造力，具备完成一定劳动任务所需要的设计能力、操作能力及团队合作能力。

三是培育积极的劳动精神，领会"幸福是奋斗出来的"的内涵与意义，继承中华民族勤俭节约、敬业奉献的优良传统，弘扬开拓创新、砥砺奋进的时代精神。

四是养成良好的劳动习惯和品质，能够自觉自愿、认真负责、安全规范、坚持不懈地参与劳动，形成诚实守信、吃苦耐劳的品质；珍惜劳动成果，养成良好的消费习惯。

学校课程体系中各模块指标要指向总目标。同样的，在各模块内容下设置的主题目标要指向各模块目标。各层级目标的确立都应力求做到明确、具体、可测、关联、可达成等目标设计原则要求。

（五）丰富劳动教育课程的教学内容

劳动教育应将"学科教学、社会实践、校园文化、家庭教育、社会教育"这五个方面有机融入。具体来说，劳动教育课程的内容应分为学科延伸型劳动、校园服务型劳动、生活细节型劳动、公益志愿型劳动、文化感知型劳动和职场体验型劳动。

劳动教育课程一方面要做好德智体美劳"五育"的衔接，另一方面要正确处理理论学习和劳动实践的关系。除了学习系统的文化知识和理论基础，劳动教育课程还可以有目的、有组织、有计划地组织学生参加不同类型、不同行业、不同领域的劳动教育，启蒙学生的劳动意识，让学生形成良好的劳动品格，养成脚踏实地、勤俭节约的劳动习惯和积极主动、乐观向上的劳动态度。劳动教育课程以此培养学生脚踏实地、自食其力、艰苦朴素、奋发向上的劳动精神。

总而言之，劳动教育课程是通过劳动教育促进学生全面发展的重要路径，学校要响应党中央、国务院的号召，加强劳动教育课程建设，认识到劳动教育对促进学生全面发展的重要意义。此外，学校还要充分发挥好劳动教育的综合教育功能，处理好劳与德、劳与智、劳与体、劳与美的关系，实现"五育并举"，并从课程目标及标准、课程内容与学习活动等各个方面重构劳动教育课程。

二、新时代大学生劳动教育融入课程教学的评价策略

课程评价是通过系统收集课程设计、课程组织实施的信息，依据一定的标准和方法进行价值判断的活动。课程评价的目标是对课程设计和实施的科学程度进行诊断，确定课程目标的达成度。劳动教育课程评价是构建劳动教育课程体系的一个重要环节，评价的目的在于更好地引导学生树立正确的价值观、审美观，使劳动教育课程更好地达成劳动育人的目标。

（一）明确劳动教育课程评价的目标

劳动教育课程评价目标应指向劳动教育课程目标是否有效达成，因此必须明确劳动教育课程目标。学校劳动教育课程目标的确立，往往有赖于劳动教育场域、实践基地和内容载体，因而需要在明确我国新时代劳动教育课程总体目标基础上，针对学校实际明确学校课程内容体系及其各部分内容承载的育人目标，设置课程总体目标、各模块内容目标、各模块下不同主题目标等上下贯通一致的课程评价体系。其中，明确学校课程总体目标是把握课程评价导向、确立课程评价体系的关键。

（二）注重劳动教育"教—学—评"的一致性

学校劳动教育教学评价要以劳动教育目标、内容要求为依据，创新与之相适应的评价方式，达成"教—学—评"的一致性。以《精美笔筒设计制作》教学设计为例，教学目标为：一是观看《神奇的 3D 打印》视频片段，感受 3D 打印对制造业和科技创新的巨大推动作用，总结 3D 打印的工作过程。二是综合运用数学、美术、科学等多学科知识，小组合作设计笔筒模型，并用 3D 打印机进行打印，提高自身的探究能力、创新思维能力、立体空间思维能力及艺术审美水平，养成善于思考的劳动习惯。三是展示笔筒设计制作成果，交流在观察、探究、设计、创造过程中的感悟，用 3D 打印技术实现自己的创意，解决生活中的问题。上述主题教学目标不仅明确、具体，而且三个层次的内容要求、逻辑关系和小组合作学习要求也较为清晰。

（三）确定劳动教育课程评价的基本原则

劳动教育课程评价的基本原则主要包括以下五个：

1. 发展性原则

劳动教育课程评价要着眼于学生的素质发展，特别关注学生的创新精神和实践能力。

2. 科学性原则

劳动教育课程评价要遵循教育评价规律，运用科学的评价方法，提高评价的效度和信度。

3. 参与性原则

应把学生对课程的参与度作为对该课程进行评价的重要依据，自评与他评相结合。

4. 整体性原则

课程评价要重视课程目标、内容、实施和评价等要素的一体化指标设计，反映课程诸要素的整合状态和建设水平。

5.可操作性原则

课程评价应指标明确、流程清晰、方法可行，具有较强的可操作性。

（四）创新劳动教育课程多元评价方式

应将劳动素养纳入学生综合素质评价体系，制定评价标准，建立激励机制，组织开展劳动技能和劳动成果展示、劳动竞赛等活动，全面客观地记录课内外劳动过程和结果，加强实际劳动技能和价值观培养情况的考核，建立公示、审核制度，确保记录真实可靠。还应把劳动素养评价结果作为衡量学生全面发展情况的重要内容，作为"评优树先"的重要参考和毕业依据。多元评价方式的选择主要有以下类别：

1.重视综合评价

不拘泥某个环节的评价，而是要重视劳动教育全过程的综合评价，不仅包括对课程目标、内容、实施的评价，也包括对课程整体建设水平、课程资源挖掘与利用、教师队伍建设、实践基地建设等的评价，还包括对不同场域、不同主体参与的评价和评价方式科学性、合理性等的评价。

2.重视多主体结合评价

针对劳动教育课程实施场域不同，除学生自主评价、同伴评价、执教教师评价外，还要重视家长评价、社区相关参与者评价及学校总体评价等。

3.重视定性评价与定量评价相结合

定性评价简单易行，但难以关注局部及其差异性，主观性较强；定量评价直观、可操作性，但常因指标不准确或难以量化等原因，导致评价偏离目标现象的出现。因此，应将定性评价与定量评价结合起来运用。

4.静态评价与动态评价相结合

静态评价是对评价对象目标达到程度的评价，其特点是不考虑原有状态和发展趋势，只考虑评价对象在特定时空范围内的实现状况。它有利于横向比较，也有利于强化竞争，但无法进行纵向比较。用动态、发展的眼光看待劳动教育评价，比静态的评价更有利于唤起不同学生参与学习的热情和积极性，发挥评价的导向性和激励性功能，但动态评价无法进行横向比较。静态评价与动态评价结合起来，相互补充，有利于劳动教育课程建设质量逐步提升。

此外，学校劳动教育课程评价，不仅有学校课程建设与实施的整体评价，也有课程运行过程中不同的要素的单项评价，如劳动教育的教师评价、课程基地建设评价、课堂教学评价、课程资源评价、信息技术支持手段评价、学生学习评价、资源开发和利用评价等。

第四节　新时代大学生劳动教育课程教学模式的构建与创新

一、新时代大学生劳动教育课程教学模式的构建

劳动教育是学校教育的重要构成部分，尤其是在当前学生的劳动意识薄弱、劳动认知不足的现状下，教育意义更加重大。构建新时代劳动教育课程教学模式，需要从以下几个方面入手：

（一）丰富校内劳动教育渠道及方法

激发学生对劳动的热情后，教师应思考如何进一步提高学生对相关课程活动的参与积极性，进而开展丰富的课程活动。学校是学生参与学习的主阵地，也是教师开展教育工作的主场所，这也就意味着教师首先要做的是丰富校内教育渠道和方法。

　　从渠道方面来看，教师可以开展由小范围到大范围的教学活动，如先安排学生整理书桌周围的卫生，再安排学生轮流打扫教室，最后组织他们合作清洁校园环境。从简单到困难，逐渐参与班级卫生管理和校园环境建设，学生在学习活动中掌握一些技能，课程教育基础目标得以实现。此外，教师还可以在信息宣传栏张贴一些与劳动实践有关的宣传图片、口号标语，在教学走廊展示学生参与劳动的照片和奖状，在学校花坛展示学生种植的绿色植物。如此，学生长时间处于良好的教育氛围熏陶下，课程效果会更理想。

　　教师在构建课程教学模式时可以运用多种方法，包括自主学习、合作学习、项目式学习、示范教学等。学生参与课程活动的方式应多元化，既可以独立劳动，或合作解决自己遇到的各种问题，一边参与学科活动，一边互相帮助；又可以在教师的亲身示范下，通过模仿教师行为参与课程活动，在项目任务支持下有序完成活动任务。无论哪一种参与方式，都有助于他们锻炼劳动技能，养成良好的劳动习惯。

　　劳动教育课程主要是让学生参与到劳动中，培养他们积极参与劳动的意识和良好习惯。而让学生参与劳动，需要学生对课程及其相关活动产生足够的兴趣乃至热爱之情。因此，教师可以在教学模式构建过程中给学生讲述典型人物故事。例如，教师给学生讲述雷锋热爱劳动、在平凡的工作中创造出不平凡的业绩的故事，引导他们学习雷锋苦干实干、争做贡献的劳动精神。这样的典型故事很容易吸引学生的注意力，让他们将雷锋视为自己的榜样。教师可以让学生说出自己听完故事之后的感受，鼓励他们说出自己对劳动形成了哪些认识。教师还可以引导学生绘制以宣传雷锋劳动精神为主的手抄报，让他们表达自己的真情实感。此外，教师还可以以班级中热爱劳动的学生作为故事主人公，将他们的故事讲出来，在对比中增强学生向故事主人公学习的热情。

（二）积极联系学生家长共同开展教育工作

教育既是教师和学校的责任，也是家长的责任，只有家校形成合力，学生的学习持续性才有所保障。教师在构建劳动教育课程教学模式时，应注意联系学生家长，构建家校合作化的协同教育机制，共同设计教学活动并开展教育工作。

第一，教师要将该学科教育的重要意义告诉家长，使其认识到该课程活动并非在浪费文化课学习时间，而是培养学生吃苦耐劳等良好的个人品质和独立自主等基础成长能力，增强家长对课程的认同感，使其产生帮助教师构建高效教学模式的主动意识。

第二，教师要将学科教学基本方法告诉家长，并指导他们运用相关方法，循序渐进地提高家长对课程科学指导方法的掌握和运用能力。

第三，与家长共同商议教学方案、确定活动内容和形式，在组织主题活动时邀请家长参与，让他们与学生一起共同完成活动任务，提醒他们在该过程中多多启发和帮助学生。如此，学生在家长和教师的双重监督和指导下学习劳动教育课程，参与实践活动，有助于培养其良好的学科素养与个人品质。

（三）加快校外实践活动空间的建立

除了在校内培养学生的劳动意识和能力，校外课程实践活动同样有助于学生劳动素养的培育。学校可以尝试在校外建立教学实践基地，构建校内外一体化教学模式。学校可以在校内教育工作基本结束后，通过在校外基地组织实践活动，延伸教学空间，组织学生参加多样的实践活动，让他们在深度参与中加强对相关技能的掌握和运用。

二、新时代大学生劳动教育课程教学模式的创新

（一）多维思想与劳动教育课程建设

1.杜威教育思想与劳动教育课程建设

从杜威（John Dewey）的教育思想中，劳动教育课程建设可以得到以下启示：

第一，创设问题情境，激发学生求知欲。在教学过程中，教师可以利用实验创设问题情境，通过让学生观察实验来导入新课。

第二，让学生明确学习的目的和意义，如教师可以在教学中恰当地运用视频资料让他们明白学习的重要性。

第三，在讲课时，教师不要过于严肃，应创设轻松的课堂气氛，使学生愿意表达自己的观点，这有利于激发学生学习的主动性。

第四，教学形式新颖。在课堂教学中，应力求形式新颖，提高学生学习的兴趣，教师要善于把抽象的概念具体化，用简单的他们能接受的语言来解释概念。

第五，教学内容要与学生的生活实际密切联系。在教学中，教师要把学生的注意力集中到要解决的问题上，对教学内容进行扩展，增加其他与之有关的课外知识，通过与生活实际相联系来激发学生的好奇心，使其渴望了解知识，从而达到良好的教学效果。

2.陶行知教育思想与劳动教育课程建设

陶行知劳动教育思想结合生活教育的理念和实践对劳动教育目的、内容、方式的阐发，形成了较为系统的思想。重新回顾与梳理陶行知劳动教育思想，不仅有利于丰富中国教育名家关于劳动教育的理论成果，还能够给当前我国劳动教育以丰富的启示与思考。

第一，在劳动教育目的上，陶行知从健全人全面发展的角度出发，提出"劳

动教育"，依据手脑并用、能力塑造、真知获取、精神培养四个维度外显了劳动教育的育人标准，目标明确地提出了个体参与劳动教育能够获取的四方面育人价值。陶行知关于劳动教育目的的表述顾及人才培养体系中至关重要的素质道德层面，同时这一表述也反映了社会的发展与人的发展需要。因此，陶行知对劳动教育目的的论述有助于帮助我们正确理解与认识劳动教育的育人价值。

第二，在劳动教育课程内容上，陶行知对"劳动"与"劳作"的内涵进行了区分，提出劳动的生活就是劳动的教育，而天天读劳动的书籍不算是受着劳动教育，视劳动教育为生活本身，提倡劳动教育内容必须融入受教育者的生活背景之中，并随生活的变化而变化。劳动教育内容虽然可以设置适当的劳动理论解读，但劳动书籍绝不能取代真正的劳动。劳动本身是激发人创造性的行为，劳动活动结束后能否产生具有创造性的输出价值也是劳动教育内容设置所需持续关注的方面。

第三，在劳动教育的方式上，陶行知提出生活的场所就是劳动的场所，认为劳动教育不一定需要到专门的地方进行，可以拓宽劳动场所范围，主张因地制宜。在其生活的年代，陶行知提倡劳动教育要与农业携手，一方面在劳动过程中学生能够习得更多具有当地特色的农科常识，另一方面结合农业开展劳动教育是一种较为合适高效的途径。回顾我国劳动教育开展的历程，会发现一种较为普遍的现象，劳动教育落实到实践操作层面便异化为一种体验式的劳动。造成这一问题的主要原因在于各地区劳动实践基地的数量较为有限，学生的劳动时间往往也不充裕。"不受时间、空间限制"的观点无疑是解决这一现实问题的良方，陶行知强调解放时间与空间，各学所需、各教所知，各尽其能。因此，上述观点对于我们今天思考劳动教育的开展方式颇有启发意义。

（二）核心素养引领下的劳动教育课程教学

在核心素养引领下开展劳动教育不仅十分必要，而且具有充分的现实性。这种现实性源于劳动教育与核心素养培育之间的诸多契合之处。

1.在劳动教育课程中融入学生核心素养的培养

无论是校内教育还是社会实践大课堂，课程都是培养学生核心素养不可或缺的载体。应在劳动教育课程的重要环节，如课程的设计、建设等环节融入学生核心素养的培养，将培养学生的核心素养作为劳动教育课程的最终目标。因此，将培养学生核心素养融入劳动教育课程目标对劳动教育课程的授课教师有以下要求：首先，授课教师要对培养学生核心素养的课程目标达成共识，尤其是同一类课程，既要有每门课程重点承载的素养培养目标，又要重视这一类课程共有的课程目标，并将这种共识落实到具体的教学行动中；其次，教师要针对学生的年龄特点，结合该年龄段学生的认知水平和心理特点，解析出本门课程核心素养培养的具体路径和操作手段。

2.关注劳动教育课程教学的内容

课程教学是教育的基本途径之一，课程的广度、宽度在一定程度上影响着学生发展的程度。任何一门劳动教育课程都有其重点承载的核心素养，但并非一一对应的线性关系，劳动教育课程的综合性决定了一门劳动教育课程可以对应几个核心素养的培养。因此，授课教师应当从培养多个核心素养的角度来思考、设计所承担的劳动教育课程，实施相应的课堂教学。

关注教学内容还体现在要由单纯关注知识教学转向全面关注能力教学、关注素养的教学。教师要以系统、整合的观点来思考和设计每门课程的教学内容，根据每门课程所承载的核心素养的培养目标合理设置课程结构及教学内容，在具备条件的劳动教育课堂上开展跨学科的教学。以核心素养为引领实施劳动教育的课程设计与课堂教学，就必然要求高校与中学校内的教育相结合，做到资源整合、资源共享，这样才能形成合力，共同完成培养学生核心素养的育人任务。

3.开展问题解决取向的劳动教育教学方式

实施以核心素养为引领的劳动教育课堂教学，教师的教学方式需要有所改变。教师既不能用传统的方式灌输知识点，也不能为了实践而忽略必要的知识讲授。在课堂上，教师要更多地开展启发式、探究式、讨论式、参与式、情景式教学，做到从知识导向到素养导向的转变。无论是知识讲解还是实践操作，教师都要尽量给学生提供足够的机会，让学生进行小组讨论和独立思考。

众多优秀教师的教学经验和研究结果表明，创设一定的教育情景，以问题解决和思维发展为目标取向的教学方式比较有利于学生能力和综合素养的培养。劳动教育为学生提供了大量难得而真实的学习情景，授课教师完全可以利用劳动教育真实的情景资源，采用以问题解决和思维发展为目标取向的教学方式。这种问题解决取向的教学方式侧重"情景""过程""思维"等关键词，重点在于引导学生在真实的情境中，在问题解决的过程中，培养和发散思维，最终实现能力和素养的提升。

实施核心素养引领下的劳动教育课堂教学重在转变理念，要推动以学生为中心、而不是以课程为中心的教学，要正确认识和发挥教师的主导作用和学生的主体作用，课堂上要尽可能为学生提供各种有意义的、主动学习的机会，从而满足学生探求未知、体验成功、合作交流的需求。

第五节　新时代大学生劳动教育课程资源的开发与利用

一、劳动教育课程资源开发与利用的原则

（一）科学性原则

劳动教育课程资源的开发与利用要符合科学性的要求，既要遵循劳动教育课程的内在逻辑，又要保证劳动教育课程资源的内容、开发利用的途径和方法

的科学性。任何能够进入劳动教育课程领域的资源，都要保证思想、内容的正确性，不能出现知识性、思想性的错误。劳动教育课程资源的开发与利用要经过调查研究、广泛收集、认真筛选、规范整理、反复论证等一系列步骤，严格遵循科学性原则。

（二）适切性原则

适切性原则是指劳动教育课程资源的开发与利用要符合教育教学规律和学生身心发展规律。开发与利用劳动教育课程资源是为了有效达成劳动教育课程目标，不同的劳动教育课程资源对不同的课程目标的作用也不尽相同，因此针对不同阶段、不同层次的劳动教育课程目标，要选择与之相适应的课程资源。一般而言，劳动教育课程资源的开发与利用要以学生身心发展的特点为依据，如充分考虑不同年级学生不同的性格、思维等特点，遵循教育教学客观规律，同时要根据当地特色、学校现有资源状况以及教师教育教学能力实际情况等，突出地方特色，发挥学校优势，凸显教师特长，发扬学生个性，让劳动教育课程资源的开发与利用更有针对性，提高课程资源开发与利用的效果。

（三）生活性原则

陶行知生活教育理论指出，生活处处是教育，日常生活为教育提供素材。生活是教育的起点，更是劳动教育的起点，生活离不开劳动，劳动创造美好生活。生活性是劳动教育的特征之一，生活是劳动教育的实施场域，一切劳动知识、能力、情感、态度、价值观最终都要运用到日常生活中。在生活视域下，劳动教育是通过一系列劳动实践，让学生去认识世界和改造世界，从而获得分析问题、解决问题能力的过程。生活为劳动教育课程提供资源，提供实践契机，劳动教育课程资源的开发与利用要着眼于生活，基于生活实践、生活经验、生活情境、生活中的一切事物等，开发与利用能够进入劳动教育课程的有用资源，锻炼学生动手动脑能力，培养学生正确的劳动价值观，培养学生学习、生存、发展能力，为学生的未来生活做准备，以实现学生的全面发展。

（四）实践性原则

劳动教育具有很强的实践性，劳动教育课程实施过程中强调学生手脑并用、知行合一，在劳动实践活动中感受劳动的快乐，获得身心发展。劳动教育课程资源的开发与利用要符合实践性原则，进入劳动教育课程的资源是能够被实践操作的，能够被学生动手动脑实际操作，如开发与利用种植、手工制作、职业体验等相关的课程内容，充分利用花园菜地、手工工作室、劳动教育实践基地等资源，或者让学生亲历劳动者的劳动过程，动手流汗，锻炼学生的劳动实践能力，培养劳动实践意识。

（五）生成性原则

课程不是一成不变的，课程是在师生互动交往中不断生成、不断发展的，课程资源也是如此。劳动教育课程资源会在劳动教育教学实施中、师生交互过程中，随着课程目标的调整、课程重难点的变化以及利用效果的反馈，不断更新、不断生成。因此，劳动教育课程资源的开发与利用往往依赖主题生成。教师要依据学生兴趣和特点，善于挖掘潜在的劳动教育课程资源价值，善于利用学生实践、学生生活实际、师生对话、教学环境等活动中存在的生成性要素，捕捉生成性的劳动教育课程资源。

二、劳动教育课程资源开发与利用的步骤

（一）确定课程目标

劳动教育课程资源开发与利用的根本目的是保障课程实施和促进学生发展，因此在具体开发和利用劳动教育课程资源时，要以不同的课程目标为依据。

劳动教育课程总目标的达成是以课程阶段目标为基础的,阶段目标的确立以课程总目标为指引。分析劳动教育课程的内容标准有助于课程目标的实现。全面了解高校阶段劳动教育课程的内容标准,分析每个学段学生的身心发展规律和学习要求,准确把握具体每节劳动教育课程目标与内容,对每节课做好明确的规划与设计,选择最适合、最有效的课程资源,才能实现这一节课的教学目标,进而实现阶段目标、课程总目标。

（二）全方位挖掘课程资源

学校在开设独立劳动教育必修课程的同时,也需要充分利用学科课程资源,合理、科学、有效地渗透劳动教育。无论是课程领域的专家、学者,还是学校的领导、教师、学生,甚至是家长、社会人员等,都是劳动教育课程资源开发的主体,都要对最基本的、最常用的劳动教育课程资源有所认识和了解,要有课程资源开发的意识。学校还要全面收集劳动教育课程资源,以劳动教育课程目标作为课程资源收集的导向,明确劳动教育课程资源的分类、原则,通过文献检索、社会调查、走访观察、网络信息技术等方式对潜在的劳动教育课程资源进行考察和挖掘。

（三）评估课程资源

并非所有的资源都是劳动教育课程资源,只有那些真正进入劳动教育课程领域、对劳动教育课程实施发挥作用的资源,才能称得上是劳动教育课程资源。对于与劳动教育课程活动有关的资源,教师要进行筛选、甄别和评估,提取有利于劳动教育课程发展的、具有开发与利用价值的课程资源。劳动教育课程资源的选择要有利于达成课程目标,即提高大学生的劳动素养,要符合大学生的身心发展特点,能够激发大学生的学习兴趣,贴近大学生的生活实际。同时,劳动教育课程资源的选择还要与教师实际相适应,与教师的教学水平、能力素质、教学实施过程相适应。以教师为课程资源开发的主体为例,评估劳动教育课程资源的过程，一般就是教师进行描述、列举、比较等，分析资源与劳动教育课程目标的契合度与优先性，进行价值判断，选择最合适、最科学的劳动教育课程资源的过程。

（四）积累课程资源

劳动教育课程资源存在于教材中、生活中、社会中，教师要善于从搜集到的相关资料，包括劳动教育相关教材、图书、音频视频资料及网络信息资源等中，挖掘与劳动教育相关的课程要素，从中提取有利于劳动教育课程实施的资源，注重课堂内外的环境创设，进行劳动教育文化建设，营造崇尚劳动、热爱劳动的氛围。同时，教师要不断提高自身的知识素养，完善知识结构，积累开展劳动教育相关的经验，积累身边可以利用的劳动教育课程资源。

（五）课程资源的实际运用

劳动教育课程资源实际运用的效益不仅取决于课程资源的内容、类型和利用方式，还取决于劳动教育教师的专业素养。

（六）课程资源开发与利用的效果评价

劳动教育课程资源开发与利用的效果评价可以有两种形式：一是即时评价。教师根据劳动课上课氛围、学生的精神状态、参与程度等方面来判断，并据此作出教学方式、活动方式、课程资源利用的调整。二是课后反思。对于已经完成的劳动教育教学任务，教师要对劳动教育课程实施效果以及劳动教育课程资源开发与利用效果进行分析与评价，反思课程目标是否达成，课程资源的作用是否发挥，从而改进劳动教育教学，促进学生劳动素养的提高。

三、劳动教育课程资源开发与利用的策略

（一）提高教师对劳动教育课程资源的认识

劳动教育课程资源开发与利用的效果会受到教师对课程资源的认识的影响。因此，教师应该充分认识劳动教育课程资源的价值，这是开发与利用劳动教育课程资源的先决条件，充分开发与利用劳动教育课程资源可以让学生在学习劳动知识的同时，掌握劳动技能、树立正确的劳动观念。教师要深刻认识到劳动教育课程资源的丰富性，认识到劳动教育课程资源无处不在、无时不有，不仅存在于教材之中，同时还存在于教材之外，不仅存在于课堂之内，而且存在于生活中、社会中。同时，教师要认识到劳动教育课程资源的全面性，除了开发与利用现有可见的条件性课程资源，还要善于识别、挖掘潜在的经验类、精神类的素材性课程资源。

（二）加强教师对劳动教育独特育人价值的理解

探讨劳动教育独特的育人价值，是开展劳动教育的前提。劳动教育的独特育人价值体现在劳动教育是社会主义教育的重要组成部分，是培养社会主义合格建设者和可靠接班人的途径之一，充分融合德智体美教育，发挥以劳增智、以劳树德、以劳强体和以劳育美的劳动教育综合育人价值，能够培养具有高尚道德情操、正确的劳动价值观、良好的职业素养、较强的专业本领的时代新人。

教师要更新教育观念，在思想认识上要重视劳动教育，让劳动教育回归日常教育教学。教师要充分认识到劳动教育在培育道德品格、获取知识、身体发展、形成美感中的综合育人价值，充分认识到劳动教育对大学生的不可替代的作用，有目的、有计划地开展各式各样的劳动教育实践活动，让学生的身心充分参与其中，手脑并用，让大学生形成正确的劳动价值观，养成良好的劳动习

惯，培养劳动精神和提高劳动素养。同时，在人工智能、信息技术飞速发展的时代，劳动形态发生改变，劳动教育正是要满足社会发展之需。教师要充分认识到培养学生的劳动能力、劳动价值观、劳动精神在这样的时代背景下的重要价值，正确理解劳动教育对于培养学生应对时代发展的关键能力的时代意义。教师要坚定以人为本的劳动教育价值取向，让学生在参与真正自由的劳动过程中得到教育，在动手动脑的劳动教育实践活动中培育德行、丰盈精神、感悟生命，发展成为完整的人。

（三）掌握劳动教育课程资源开发与利用的目标

在正确的劳动教育价值取向引导下，明晰劳动教育及劳动教育课程资源开发与利用的目标，能够有效促进劳动教育的实施。开发与利用劳动教育课程资源要制定合理的目标，注意开发与利用目标的合理性、阶段性、针对性。劳动教育课程资源开发与利用的目标还要根据不同年龄阶段的学生不同的身心发展差异来决定。同时，要注意了解学生个性差异和现有的劳动知识、劳动技能水平，满足学生的劳动素养发展需求，充分体现学生的主体地位，使课程资源开发与利用目标更具针对性，促进学生自由全面发展。劳动教育课程资源开发与利用的目标也不是一成不变的，而是根据社会、课程、学生实际不断变化发展的。

（四）提升教师课程资源开发与利用的能力

作为劳动教育课程的实施者，教师劳动教育课程资源开发与利用的能力直接影响着实施劳动教育的最终效果。提高教师劳动教育课程资源开发与利用的能力主要可以从以下几个方面入手：

第一，提高课程资源开发的能力。劳动教育课堂教学、日常学习生活中蕴含着十分丰富的劳动教育课程资源，这就要求教师从自己的已有经验出发，结合教学实际和学生实际，以敏锐的洞察力发现资源、利用资源，对身边的劳动教育课程资源进行创造性开发与灵活运用。

第二，提高劳动教育课程资源整合的能力。劳动教育课程内容与其他学科教学内容、主题活动内容有相似、重合的部分，教师在备课阶段，要注意正确把握劳动教育课程目标，对劳动教育课程资源进行整合，理顺各种劳动教育课程资源之间的关系、与其他学科课程资源的关系，让学生的实际情况与具体的课程内容相融合。

第三，提高劳动教育课程资源开发与利用反思的能力。教师可以通过反思，发现劳动教育资源开发与利用过程中存在的问题，解决并改进这些问题，从而不断提高开发与利用劳动教育课程资源的能力。

（五）科学开发与利用现有的课程资源

1.发掘学生劳动教育的课程资源

学生是决定课程目标实现范围和水平的关键性因素，学生的生活经验、知识状况、思维方式、身体发展、情感状况等应该得到重点关注。重视将学生作为劳动教育课程资源进行开发与利用，不仅能使劳动教育课程紧密结合学生的生活实际，而且强化了学生的主体地位，充分调动了学生参与劳动教育实践的积极性，使学生在丰富多样的劳动教育活动中获得身心发展。

2.优化劳动教育的校园环境

认知并非发生在个体内部的大脑表征活动，认知过程是主体与周围环境相互耦合的动态过程。认知活动相关的环境，包括身体所处的物质环境和文化环境，都是认知过程的重要因素。劳动中的身体，包括身体的各种感官，也穿梭于不同的时空环境中，并且从不同的环境中汲取到的不同信息将会反作用于身体，使个体获得不同的认知与情感。劳动教育就是要基于环境、在环境中开展。劳动教育的环境要素不仅包括校园内物质形态的劳动教育硬件设施设备，而且包括学校中形成的尊重劳动、热爱劳动的文化氛围。优化劳动教育的校园环境可以从以下几个方面入手：

第一，充分利用现有的物质形态的环境资源，包括学校的图书馆、各类功能室、专用教室、劳动实践区域、花草树木等，开展丰富多样的劳动教育实践活动，让学生置身于真实的劳动实践环境中。

第二，打造劳模精神宣传教育区，运用好学校的宣传栏、板报、文化长廊、广播等媒介，通过图片、文字、视频、实物等形式，展示一些劳动模范事迹和优秀品质的形成过程，让劳模精神贯穿学生日常生活与学习。

第三，在班级中制定劳动公约和劳动清单，开展与劳动教育相关的征文、演讲、书法比赛等校园活动，评选校园劳动之星等，在校园内形成一种尊重劳动、热爱劳动的氛围。这样可以让学生在参与真实的劳动环境与潜移默化的环境文化熏陶中，通过环境与身体的相互作用，获得真实的劳动体验和劳动技能，培养劳动情感和劳动素养。

3.重视家庭劳动教育课程资源

家庭是实施劳动教育的第一场所，家长是孩子劳动教育的第一任老师。家长对劳动教育的认识、家长的教育理念、家庭活动、良好的家风等都属于家庭劳动教育课程资源。

第一，家长要正确认识家庭劳动的价值，重视劳动教育对孩子的影响，给予孩子劳动的机会。家长要给予孩子正确的指导和榜样示范，帮助孩子掌握家务劳动的方法，获得自立自强的能力。

第二，在家庭中建设崇尚劳动、热爱劳动的良好家风。一些家长本身就有丰富的劳动实践经验，或者是积累的祖父辈的劳动故事。要发扬勤俭节约、反对浪费的家风传统，家长可以充分利用这些素材加强对孩子的劳动价值观教育。

第三，家长要充分配合学校开展劳动教育。对于学校分配给学生的家庭劳动任务，家长应给予充分的帮助与配合，通过 QQ、钉钉、微信等平台，及时反馈孩子的劳动情况，并且要积极主动向学校了解自己孩子的劳动情况，做好家校沟通，形成教育合力。

第四，采取多样化的家庭劳动教育方式。切忌把劳动当作惩罚孩子的手段。

家长可以与孩子共同参与家务劳动，还可以拓宽家庭劳动教育的场域，与孩子一起参加社区活动、参观博物馆等。

（六）完善课程资源开发与利用的保障机制

1.进行系统规划

劳动教育课程资源的开发与利用应在国家劳动教育指导纲要和实施意见的指导下，地方、学校、家庭以及社区等对课程资源的目标、内容、开发与利用途径等方面做好系统的规划，有计划、有目的地对能够进入劳动教育课程的一切资源进行开发与利用，包括设置劳动教育必修课，制订劳动教育课程计划、教学计划，安排课时和教师，提供实施场地、教学用具，整合其他学科与劳动教育相关内容等。

政府和教育行政部门要把劳动教育课程资源的开发与利用纳入地方课程改革计划，保证为劳动教育的实施分配足够的课程资源，包括劳动教育专任教师、课时、资金、劳动教育实践材料和设备、劳动教育实践基地等，对劳动教育课程资源的使用、补充、维护进行跟踪管理，并且给予学校开发与利用劳动教育课程资源的自主权。

学校要提高对劳动教育育人价值的认识，提高对劳动教育课程资源的认识，要把劳动教育课程资源的开发与利用作为学校课程与教学管理的重要组成部分，明确劳动教育课程资源开发与利用的目标，建立一套课程资源开发、管理、评价机制，合理安排劳动教育课时，让学校行政管理人员、教师、学生参与劳动教育课程资源的开发，实现开发与利用劳动教育课程资源主体多样、形式多样、内容全面的动态平衡。

2.进行理论指导与评价反馈

在理论上给予课程资源开发主体专业的主导意见是必不可少的环节。在理论指导和职业培训方面，联合高校研究人员、教工团、教研室，加强对教师开发与利用劳动教育课程资源的理论指导，举办劳动教育课程资源相关培训，以提高教师开发与利用劳动教育课程资源的意识与能力，组织开展区域内、校际劳动教育课程资源专题研讨。要回答开发与利用劳动教育课程资源的效果如何，对教师和学生的发展是否起到促进作用，开发的过程是否符合规范等问题，就需要对课程资源开发与利用的过程进行评价。有效的评价能够为我们提供关于劳动教育课程资源开发与利用的实际反馈，帮助我们从中了解课程资源开发与利用的成效与不足。因此，应根据课程资源开发目标、学生实际情况等要素，制定规范合理的课程资源评价标准，获取课程资源开发与利用的反馈信息，为进一步进行课程资源开发与利用打下基础，从而让课程资源开发与利用过程形成一个动态的"生态系统"。

（七）通过多种渠道、形式开发与利用课程资源

1.开发校本教材与二次开发现有教材的结合

教材是学科教学的主要资源及内容依据。当前仍然存在劳动教育课程教材不足及教材利用不充分的问题，其原因之一是教材内容脱离学校、学生实际。应充分重视教材在劳动教育课程实施中的重要地位，坚持开发校本教材与二次开发现有教材相结合。

（1）开发校本教材

新课改以来，国家课程实行三级管理的模式，课程实施给予地方、学校更多的自主空间，地方、学校在课程实施、教材选择等方面有了更多的自主权。由于不同地区、不同学校所处的地理位置、人文环境，以及学校自身的发展情况大有不同，针对当前劳动教育课程教材存在的问题，学校可以充分利用地方特色和各种资源，开发自己的校本教材。

（2）对现有的劳动教育课程教材进行二次开发与利用

教材的"二次开发"是课程情景化的过程，是课程重构的过程，是多元主体的"对话"过程，是课程教学一体化的过程，还是教师专业发展的过程。教材的二次开发意味着赋予教师开发课程资源的权利，有利于转变学生角色，确

立学生在课程实施中的主体地位。

教师要更新课程理念，改变教材利用过于"忠实"的取向，用动态、发展的观点创造性地利用教材；要掌握劳动教育课程特点，了解学生的兴趣和需求，对已有教材进行个性化解读；要以学生为出发点和落脚点，让学生参与劳动教育教材的开发，与学生协商教学目标、教学内容、教学方式等问题，让教师与学生、教材之间产生一种平等、对话的关系，不断重构教材内容，增强教材与劳动教育教学的适切性。

同时，教师还要整合劳动教育教材内容，不断更新教材内容，让教材内容适应社会的变化与学生的发展；要加强反思与交流，反思二次开发教材是否能达到预期的效果，能够改进的地方有哪些，并与同学校的教师交流分享经验与心得。

2.发掘学科劳动教育要素，有效促进学科融合

树立劳动教育协同育人观。多学科渗透式的劳动教育是新时代劳动教育的新形态。因此，劳动教育课程资源的开发与利用要充分挖掘各学科劳动教育要素，整合各学科的劳动教育课程资源，以实现劳动教育全面育人的价值。在学校层面，要形成劳动教育协同育人观，明确各学科教学目标，以渗透式把劳动教育与各学科目标有机融合，准确把握各学科不同学段、具体单元与劳动教育的联系，找准各学科与劳动教育的交叉内容领域，对具体的学科目标、内容、实施方式及评价做好整体设计与规划。

3.转变课程的实施方式，统筹多方课程资源

课程资源的开发和利用与教学方式的转变相辅相成，课程资源的开发与利用应着眼于促进教学方式和学生的学习方式的变革。劳动教育实施方式的转变为劳动教育课程资源的开发与利用提供了广阔的空间，课程资源的价值最终要通过课程实施实现，同时课程资源的类型也会影响课程实施的方式。因此，要转变教师观念，通过多种途径与方式实施劳动教育课程。

新时代劳动教育实施方式不拘泥于教材和课堂讲授，可采用主题式、项目化等丰富实施方式。这就需要通过了解学生的兴趣和需要，挖掘学校、家庭、

社会中的劳动教育主题素材资源，确定贴合学生实际、符合社会发展的劳动教育课程实施主题，通过项目化的实施方式，调动学校、家庭、社区劳动教育课程资源，充分保障劳动教育课程顺利实施，全面提高学生的劳动素养。

4.运用人工智能与信息技术，实现资源共享

科学技术的飞速发展将人们带入了信息时代、人工智能时代，互联网、虚拟现实等技术的发展，为新时代劳动教育的实施提供了技术支持。在传统的劳动教育实施过程中，城市与农村的劳动教育课程资源不均衡。人工智能与信息技术的复杂性、丰富性和独立性的特点，可以打破现有资源的限制，统筹学校、家庭、社会的劳动教育课程资源，建立有效的课程资源共享机制，保证切实有效实施劳动教育。因此，"线上劳动教育"课程选取贴近学生日常生活的内容为劳动教育素材，设计衣、食、住、行等内容，采用线上学习的方式，为家庭劳动教育提供资源保障，促进学生参与家务劳动，助力学生掌握生活技能，树立崇尚劳动的良好家风。

第三章　新时代大学生劳动教育的策略、实践及构建路径

第一节　新时代大学生劳动教育的策略

一、在大学生劳动教育中融入"三全育人"理念

随着教育教学改革的深入，劳动教育已成为新时代人才培养体系中的重要部分，要在学生中积极弘扬劳动精神，引导学生明白"崇尚劳动、尊重劳动"的道理，帮助学生树立"劳动最光荣、劳动最崇高、劳动最伟大、劳动最美丽"的劳动意识，培养德智体美劳全面发展的社会主义建设者和接班人。高校要落实全国教育大会精神，把劳动教育融入思想道德教育、文化知识教育、社会实践各环节。

下面从"三全育人"出发，探索高校如何把劳动教育融入人才培养的各环节，培养高校学生通过自身劳动实践提高能力，以推动高校实现培养德智体美劳全面发展的大学生的目标。

（一）"三全育人"的理念解读

"三全育人"是指全员育人、全过程育人、全方位育人。对于高校大学生劳动教育工作而言，全员育人，是指高校全体教职工强化劳动育人意识和责任担当，自觉在本职工作中帮助大学生树立正确的劳动价值观；全过程育人，是指高校将劳动教育贯穿学生入学到毕业的整个过程，形成长时段、持续性的劳动育人机制；全方位育人，是指从校内与校外、课内与课外、线上与线下多个维度融入劳动教育，构筑多维并进、互补互动、综合融通的教育格局。

（二）在大学生劳动教育中融入"三全育人"理念的策略

高校培养的是高素质技术技能型人才，需落实"三全育人"的内涵要求。高校应当积极营造劳动育人氛围，构建精神传承、形式创新的劳动育人体系，常态化开展劳动育人实践工作。

1.坚持全员育人，形成育人合力

高校要发挥好劳动教育实践育人的资源优势，立足学校人才培养目标，坚持全员育人，统筹劳动教育人力资源，形成育人合力，推动劳动教育。

首先，思想政治课（以下简称"思政课"）教师在对劳动教育的引导和传承中应当走在前列。思政课教师要结合新时代的实际表征加强创新劳动的激发引导；通过创新思政课实践教学方式，对劳动实践课程进行趣味化和生活化的设计，使学生在实践中加强对劳动的情感认同，促进劳动实践习惯的养成。

其次，专业课教师要深入挖掘专业课程中蕴含的劳动教育的课程元素，将劳动教育有机融入专业教育，真正实现专业课从"闭环"走向"开环"。专业课程的实习实训、专业实践服务等都是提升学生劳动素养的重要途径。通过课程融合与专业契合，高校可全力实现劳动教育的全覆盖，为形成具有时代性、实践性、针对性的劳动教育课程体系奠定基础。

最后，辅导员和班主任作为思想政治工作战线中重要的人力资源，应根据人才培养目标，将更新大学生劳动理念、推动创新型劳动发展作为着力点，在大学生日常学习和生活中渗透劳动教育，在主题团日活动、班会、志愿服务、勤工俭学等主题实践中嵌入劳动教育，引导大学生将所学的专业知识应用到实际生活中，在实践中感悟劳动价值。

2.坚持全过程育人，培育时代新人

2020 年 7 月，教育部印发《大中小学劳动教育指导纲要（试行）》（以下简称《指导纲要》），这是教育部为贯彻落实《中共中央　国务院关于全面加强新时代大中小学劳动教育的意见》而制定的文件，专业指导学校进一步明确劳动教育是什么、教什么、怎么教等一系列重点问题。《指导纲要》对劳动教育的目标做了细化，进一步明确了劳动教育的途径，包括独立开设劳动教育必修课、在学科专业中有机渗透劳动教育、在课外校外活动中安排劳动实践、在校园文化建设中强化劳动文化四个方面。《指导纲要》要求各级各类学校将劳动教育纳入人才培养全过程，将劳动观念和劳动精神教育贯穿人才培养全过程，贯穿家庭、学校、社会各方面。《指导纲要》为新时代大学生劳动教育注入了新内涵，高校要将劳动教育贯穿高等教育全过程，整体协同推进，构建体制机制。

在管理服务方面，高校要进一步强化管理育人与服务育人，双维度保障劳动教育育人功能的发挥；要统筹管理与服务部门，明确相关部门的工作职责；要统一规划部署劳动育人工作范畴，合理创设管理与服务岗位，形成全校师生员工共同参与的劳动教育格局。高校工作者和学习者要在组织管理和自我管理中使每一个工作环节和每一个学习环节尽力呈现劳动教育带来的裨益。在组织管理中，在教育评价上，高校要将对学生进行"一生一周"的劳动教育纳入学分管理，形成新时代大学生成长成才的重要举措。在自我管理方面，大学生将自我劳动和自我服务中体悟的劳动精神常态化，努力打造知行合一、身体力行的新样态，不断促进自身劳动素质的提高。

从学生入学到毕业的整个过程来看，可以从以下几个阶段开展劳动教育：

（1）注重大学生入学阶段的劳动教育

进行入学教育时，学校要做好思想上的铺垫，强调劳动教育的重要性和必要性，可以对劳动教育人才培养方案进行宣讲，主要目的是让新生全面了

解劳动教育的培养目标、课程设置、教学组织安排以及劳动教育的考核评价体系，帮助学生充分了解劳动教育的时代内涵及意义，激发学生的学习兴趣，增强其学习自觉性，为形成良好的学风打好基础。

（2）加强大学生在校学习期间的劳动教育

课堂是教育教学活动的主阵地，开展劳动教育除了开设专门的劳动教育课程，还要梳理各学科中所蕴含的劳动知识和劳动教育功能，实现劳动教育与其他学科知识体系的有机融合。如将思想政治教育与劳动教育的整合，以德育增强认识，实现德育与劳育协同育人；将专业课与劳动教育的整合，根据不同专业的学科特色，充分挖掘劳动教育的元素，有针对性地引领大学生提升劳动素养。高校还要分析大学生在不同年级阶段的劳动教育重点，在课程教学、实训管理、团队建设、保障支撑等方面深入推进劳动教育，从而营造全过程育人的环境氛围，将劳动教育贯穿育人全过程。同时，高校可结合校园文化建设，开展与劳动教育有关的多样化的课外活动，如：开展征文演讲比赛、文明寝室评比、劳动技能竞赛等活动，使学生亲身体验劳动，感悟劳动的意义；还可以利用宣传标语、校园广播、微信公众号等传播载体，或者召开劳动模范和先进人物的报告会、分享会和学习会，做好对劳动模范、工匠精神的宣传工作。通过一系列切实有效的措施营造崇尚和尊重劳动的良好氛围，这对大学生形成正确的劳动意识、提升劳动素养具有重要作用。

（3）深化大学生毕业前夕的劳动教育

在大学的最后阶段，学校可在职业辅导、就业指导等课程中融入劳动精神和劳动知识，给予大学生适当引导，让他们正视自身劳动技能的优点和缺点，找到合适的工作岗位，为今后的学习和就业奠定基础。另外，高校还可以把毕业实习、实训与劳动教育的内容充分结合，在强化专业知识和专业技能中培养大学生的劳动素养。高校应重视创新创业教育活动的开展，坚持强基础、搭平台、重引导的原则，构建创新创业实践导向体系，培养学生的创新精神与实践能力。高校还要积极开展社会实践和志愿服务等相关活动，引导大学生深入社会、走进基层，在体验劳动、服务社会的过程中，提高生产生活技能，培养艰苦奋斗的优良品质。

3.坚持全方位育人，构建家校社"三位一体"的劳动教育格局

劳动教育通过将家庭、学校、社会"三个营地"联动协同，挖掘"资源图谱"，构建家校社"三位一体"的劳动教育格局，合力提高"劳动＋教育"的共振性，将劳动与职场素养、核心素养等有机结合，激发当代大学生主动参与劳动的动机，促进大学生在服务人民、奉献社会的实践中实现人生价值。

（1）重视家庭中的劳动训练

家庭中的劳动训练是整个劳动教育体系的第一阶段，家庭教育对学生的劳动情感以及价值观等的培养影响深远。一方面，家长要在孩子的成长过程中，用身边鲜活的劳动典范对孩子进行教育，还要创造各种有利条件，安排与他们年龄特点和身心发展水平相适应的劳动任务，让他们树立"劳动最光荣"的正确观念；另一方面，家长也要以身作则，爱岗敬业，热爱劳动，营造优质的劳动教育氛围，发挥好榜样作用，通过潜移默化的熏陶使子女形成勤劳的品质和良好的劳动习惯。

（2）充分发挥学校劳动教育的主阵地作用

高校除了综合采用课堂授课、专题讲座、校园文化培育等多种形式开展劳动教育，还可以着手启动线上课程，注重利用网络教学平台等信息技术，拓展劳动教育的方式方法，提升劳动教育的质量；同时，打造线上与线下相结合的模式，结合专业特色，参照市场和用人单位对人才的需求，融合校内外各类优质活动资源，为学生发展提供支持，引导学生在多平台活动中增强自身的劳动意识、强化劳动责任感，进而提升职业技能。例如，会计专业的学生可到当地税务局或会计师事务所实习，在实际工作岗位实践锻炼，立足本职，培养吃苦耐劳等优秀品德及责任担当意识。

（3）充分发挥社会方面的作用

社会方面要积极发挥支持作用，协调利用各方面资源，将基地建设、制度保障、宣传教育等工作贯穿始终，建立常态化劳动教育基地，为学校劳动教育实践提供支持；要集全社会之力，以劳动教育树时代新人。这是"三全育人"

的重要环节，也是高校劳动教育路径的崭新开拓。

劳动教育的施教主体是学校，但家庭教育、社会教育也不可或缺，只有三个维度各司其职、各尽所能，又协同配合、优势互补，才能真正加强大学生对劳动精神的认识，促进大学生劳动实践技能的养成。

二、劳动教育融入大学体育与专业技能教育

（一）劳动教育融入大学体育

高校要推动"体育＋劳动教育"有机结合。构建大学生"体育＋劳动教育"的锻炼新形式，需要高校加强顶层设计，开展多样化的劳动实线，真正把劳动教育融入体育锻炼、身体素质测评等教学环节，与现有人才培养体系真正结合为一个有机整体。

新时代大学生教育面向的是"00后"一代，他们生长在高科技、信息化的时代。虽然劳动方式、体育运动方式发生了很大变化，但培养体育精神和劳动精神仍然是十分必要的。结合大学生的心理特点，高校在体育与劳动教育相结合的新形式上，要多下功夫，要结合生活实际，全面统筹教育新模式，让"00后"的大学生能意识到，多样化的劳动教育在体育活动的实践中可以得到很好的体现和深化。

体育与劳动教育皆是素质教育的重要组成部分，"体育＋劳动教育"的新模式是将两种教育方式有机结合起来，大学生应结合自身实际、所学专业特色，在日常居家锻炼中融入专业技能知识。高校也可组织相应的活动，设置鼓励机制，引导大学生参与体育劳动，在体育劳动中磨砺意志、增强毅力，培养自理、自立、自强的独立精神，促进大学生养成终身体育锻炼的习惯，实现对体育、劳动教育等素质教育的再升华。

（二）劳动教育融入专业技能教育

1.劳动教育与高校专业技能教育的共同点

高校专业技能教育是为经济社会发展培养高素质劳动者和技术技能型人才的重要方式，与劳动教育所倡导的育人体系在目标、内容、方式等方面具有天然的内在契合性。

（1）目标一致

劳动教育除让学生掌握扎实的专业技术和熟练的操作能力外，还要让学生领悟人生理想和目标要靠辛勤劳动、诚实劳动、创造性劳动来实现。高校专业技能教育培养的是具有"工匠精神"的高素质劳动者和技术技能型人才。"工匠精神"不仅表现为精益求精、敬业奉献，还包括与时俱进、勇于创新。因此，从最终目标上来看，二者都是要培养学生爱岗敬业、乐于奉献、勇于创新的优良品质，使学生通过辛勤劳动和艰苦奋斗，实现自身的全面发展，成为能够担当民族复兴大任的高素质劳动者。

（2）内容一致

作为新时代劳动教育的主要内容之一，服务型劳动教育就是让学生运用课堂上所学的专业知识和专业技能服务他人和社会，如参与志愿服务等。而高校专业技能教育主要是帮助学生习得专业领域的知识和技能，输送区域发展急需的高素质技术技能型人才。从内容上来看，劳动教育和专业技能教育都强调学以致用、知行合一，都教导大学生用所学的专业知识和技能服务社会的发展，以主人翁的精神投身实现中华民族伟大复兴中国梦的征程中，在服务社会中实现职业理想和人生梦想。

（3）路径一致

劳动教育要落地见效，必须组织学生实实在在地劳动，切不可在课堂上听劳动、在书本中学劳动、在视频里看劳动。对于新时代的大学生而言，劳动不仅要有出力出汗的体力劳动，也要有偏重脑力的创新性劳动。产教融合、工学结合是高校专业技能教育的基本模式，而其中最基本的教学组织形式就是实践教学，通过实训、顶岗实习、志愿服务等多种实践形式检验学生所学的知识和技能，使其在亲身参与中锤炼专业技能，培养良好的职业素养。因此，从教育方式上来看，二者都应不断强化实践锻炼，倡导大学生积极投身社会实践，将所学的专业知识、技能转化为于企业、社会、国家有用的实际本领。

2.劳动教育融入高校专业技能教育的时代诉求

第一，劳动教育是实现高校人才培养目标的关键。高校教育培养的是服务区域发展一线的具有高素质、高技能的人才。无论是高尚的道德素质，还是精湛的专业技能，都要通过亲身实践、辛勤劳动获得。可见，劳动教育是实现高校人才培养目标的关键环节，更是社会主义先进性的集中体现。

第二，劳动教育是高校培养大国工匠的应有之义。当前，我国经济发展已经从粗放式增长转向高质量、高水平发展，只有匠心之作才能对接高质量、高水平发展的经济态势，才能满足人们对美好生活的期待。匠心之作源于大国工匠、能工巧匠。高校教育要提质培优、以质图强，必须把培养具有工匠精神的高素质技术人才作为人才培养目标。工匠精神的塑造不单单是从书本里学出来、从课堂中听出来的，更重要的是通过亲身实践去锤炼技艺，磨炼意志。这就需要打造特色劳动教育体系，培养工匠人才，实现高校教育内涵式发展。

第三，劳动教育是高校培养创新型人才的必由之路。劳动是推动人类社会进步的根本力量。古有鲁班，专攻生产和生活上的创造发明，制作了曲尺、墨斗、刨子等各种劳动工具，造福劳动人民；又有隋代的著名桥梁专家李春，建造了举世闻名的赵州桥，为中国桥梁技术的发展作出了巨大贡献。今有"玉兔号"月球车、"蛟龙"号载人潜水器等，这些大国重器背后的大国工匠，是促进科技发展、社会进步的重要推动力。此外，只有通过不断的劳动实践，才会激发学生对劳动工具、劳动方式、劳动空间的优化与创新，从而在潜移默化中培养学生的专业创新意识和创新能力。

3.劳动教育融入高校专业技能教育的措施

（1）融入课程建设，铸牢学生新时代劳动价值观

劳动教育融入高校专业技能教育，关键要找准切入点。如果说教师是教育

实施的主体，那么课程既是教育思想、教育目标和教育内容得以实现的有效载体，也是教育教学活动的基本遵循。劳动教育要融入专业技能教育，首先要实现的是劳动教育的课程化。

一是整体优化课程设置。高校应根据不同学段的学生特点，分层次开设劳动教育必修课和模块选修课，如大一阶段重点突出劳动价值观的培育，大二阶段着重提升学生的专业劳动技能。高校可以在大二阶段设置劳动实践课，时间为一周，赋予一定的课程学分。劳动实践周期间，重在专业实训、实践，不安排文化课，劳动课的成绩计入期末总评成绩。大三阶段通过毕业设计和调研、顶岗实习，学生在诚实劳动的基础上进行创造性劳动，着力培养崇高的职业劳动素养。

二是创新专业课程标准。在制定专业课程标准时，高校应充分挖掘专业课程中蕴含的劳动教育资源，坚持显性教育和隐性教育相统一。高校在设计课程教学目标时，知识目标层面要体现对专业劳动知识的初步理解；能力目标层面要强调与专业相对应的劳动技能的掌握；素质目标层面要注重培育学生崇高的劳动素养，强化劳动精神、劳模精神和"工匠精神"，以此构建具有专业课程特色的劳育价值体系。

（2）融入专业实践，夯实学生的专业基础

随着"互联网＋"、人工智能的发展，产业结构发生了重大变革，伴随着一些新经济形态的出现，专业技能实践的内容和形式也随之发生了很大变化，从而赋予劳动实践新的内涵。因此，高校需要不断开拓专业劳动实践育人平台，催生专业劳动实践新形态。

一是整合多方资源，建设校外劳动实践基地。高校应加强与地方政府、社区、企业的深度合作，不断整合农场、社区街道、企业等社会资源，建设大学生校外劳动实践基地，让学生走进社区、走进工厂、走进社会，了解民情国情，了解专业领域最新的市场动态，在亲身实践中树立家国情怀。

二是挖掘校内优势，设立学生劳动岗位。高校应增加校内勤工助学岗位，如在教师工作室、图书馆、教室等地点设立学生勤工助学岗位；另外，还可结合专业特色开辟专门的学生劳作园，如农林专业可开辟农作物种植示范园，纺织专业可开辟纤维作物（棉花、麻类、蚕桑）种植园等。

三是升级赋能，完善校内专业实训场地。在科技革命和产业革命的驱动下，产业新形态、劳动新形态出现，促进了"互联网＋""智能＋"等教育新形态的产生。为适应教育教学的改革创新，传统的专业实训场地要在信息媒体技术、仿真模拟等方面升级改造，满足学生对专业实操、服务体验、创新实验的专业服务性劳动的实践需求，为学生的专业发展赋能。例如，随着网络直播营销模式的兴起，高校电子商务、市场营销等专业可投入建设网络直播室，为学生实战操练提供便利。

（3）融入师资培育，打牢学生劳动成才的基石

教师是教育活动的直接实施者，人才培养的关键在教师。把劳动教育有效融入专业技能教育的各个环节，建设一支劳动素质有保证、教学方法有高度、劳动技能有水平的师资队伍是关键。

一是扩大"双师型"专业教师队伍。"双师型"专业教师一方面要具备传授学生专业理论知识和技能的教学素养，另一方面要熟练掌握当前应用企业生产一线的专业技术。专业教师要亲身参与劳动实践，通过定期到企业兼职、挂职、研修访学，掌握最新的生产工艺技术；然后根据企业调研、行业分析，及时调整教学目标，完善教学内容，不断提升理论和实践教学的水平，尤其是对学生专业实践活动的指导水平。

二是凝聚社会型劳动师资队伍。高校可设立劳模工作室、技能大师工作室等，从企业中聘请劳动模范、技术能手、大国工匠、道德楷模等担任兼职劳动教师，亲身示范讲授锤炼技艺的经历。通常教师个人的亲身经历最容易与学生产生情感上的联系和思想上的共鸣。教师用自己的故事、经验、情怀传达劳动的深切寓意，会让学生树立正确的劳动价值观，养成勤奋、诚实的品质，厚植劳动至上、工匠光荣的信念追求。

三、劳动教育与创新创业教育的融合

（一）劳动教育与创新创业教育融合的意义

第一，高校劳动教育与创新创业教育相融体现了时代特征，有利于培育社会发展所需的创新型劳动者。2020 年 3 月出台的《中共中央 国务院关于全面加强新时代大中小学劳动教育的意见》在"确定劳动教育内容要求"中要求"高等学校要注重围绕创新创业，结合学科和专业积极开展实习实训、专业服务、社会实践、勤工助学等，重视新知识、新技术、新工艺、新方法应用，创造性地解决实际问题，使学生增强诚实劳动意识，积累职业经验，提升就业创业能力，树立正确择业观，具有到艰苦地区和行业工作的奋斗精神，懂得空谈误国、实干兴邦的深刻道理；注重培育公共服务意识，使学生具有面对重大疫情、灾害等危机主动作为的奉献精神。"可见高校劳动教育与创新创业教育融合是符合新时代社会发展要求的有益举措，也是培养学生创造性劳动能力与素质的有效方法。此外，劳动教育与创新创业教育融合可激发学生创造性劳动的意愿，创新创业活动本身脱离传统意义上的劳动框架，具有极强的趣味性、开创性，创新创业教育帮助学生树立正确的择业观与就业观，克服"劳动谋生"的排斥感与恐惧感，将"为生活而劳动"转化成"为劳动而生活"。

第二，从长远角度而言，高校劳动教育与创新创业教育融合具有社会服务价值与社会经济效益。

第三，劳动教育与创新创业教育融合有利于为基层输送人才。当今劳动力市场具有人才流动"单向"积弊，大学毕业生就业脱离基层导致创新创业事业发展困难。劳动不单指体力劳动，还包括脑力劳动，而创新创业是将劳动内化于心、外化于行的途径，"劳创融合"育人模式是破解当前人才市场困境的有效方法。

第四，劳动教育与创新创业教育融合有利于服务区域发展。服务区域发展是高校办学的重要理念，"劳创协同"育人有利于打造具有区域特色、社会经济价值的创新品牌项目。

（二）劳动教育与创新创业教育融合的可行性

无论是单独的劳动教育，还是创新创业教育，国内高校均有探索与实践经验，为劳动教育与创新创业教育融合提供了客观条件。具体来说，劳动教育与创新创业教育融合的可行性体现在以下几个方面：

第一，劳动教育与创新创业教育融合具有互补的教育目标。创新创业教育需要培育有社会担当的企业家而非完全重利的商人，劳动教育明确要求时代新人需有创造性劳动能力，认同劳动"光荣与伟大"的价值意蕴，这正是企业家需具备的素质。二者相融形成育人新目标，即培养新时代具有劳动精神、首创精神、服务意识的新型企业家。

第二，劳动教育与创新创业教育融合具有重合的依托载体。高校实践育人创新创业基地为"劳创融合"新型育人模式提供载体，通过同一实践育人基地平台可搭建劳动教育与创新创业教育双方沟通、交流、互惠共生的桥梁，在人才培养、项目合作、成果转化等领域开展系统化深度合作，实现高校、政府、企业在人才培养、人才选拔等方面的目标。

第三，劳动教育与创新创业教育融合具有共同实施主体。无论是劳动教育还是创新创业教育，均需社会、家庭、高校同步配合，需进一步建立政府、企业、社会等外部主体监管与高校内部相关部门主体监管相结合的多元主体监管机制。

（三）劳动教育与创新创业教育融合的措施

劳动精神是指劳动者对劳动的热爱态度以及在劳动过程中展现的积极人格气质与创造性。"劳创融合"育人模式旨在培育青年劳动者的劳动精神，使其在劳动过程中形成劳动创造的积极态度、开拓创新的精神品格。

1.完善"劳创融合"体系

（1）以第一课堂为基础，完善"劳创融合"课程体系

针对大学生创新创业需求，高校应以第一课堂为基础分门别类开设课程。除面向全部学生开设劳动思想理论必修课、创新创业知识必修课之外，对无创业意愿、创业意愿不强的学生可通过开设相关通识选修课、创新创业体验课、职业生涯管理等课程向其普及劳动理论、提高其劳动素质，激发学生的创新创业热情与劳动意愿，以更好地服务就业择业。针对创业意愿强的学生，应增设创新创业课程群，分为社会实践类、志愿服务类、劳动技能类等选修课程供学生学习，依托劳动育人基地、创新创业实践育人基地为学生提供学习交流平台。

（2）以第二课堂为关键，完善"劳创融合"活动体系

第二课堂是促进劳创融合的主要平台。高校应将学生"劳创融合"相关活动参与数量、质量纳入第二课堂考核项目中，通过固定学生必须参与的活动，如"劳动周""创新创业体验周"等促进学生习惯"劳创融合"模式，从"劳创融合"中寻找乐趣。

（3）以督导机制为保障，完善"劳创融合"评价体系

建立完善的督导机制是树立实践育人导向的关键举措。传统实践育人督导机制多以"规定""管理条例"形式为主，评价的具体要求较模糊，高校在开展实践育人活动时难免受制约，缺少活力与动力。高校打造"劳创融合"新型实践育人机制，首先应明确要求，本科阶段课程不少于 32 学时；其次应建立劳动教育教师培训制度，解决师资力量不够、不专、不精的问题，聘请在创新创业领域有突出贡献的行业专业人士或劳动模范担任创新创业、劳动实践指导教师，强化教师进行劳动教育的自觉性，奖励培训成绩优异的讲师；最后应建立、完善劳动素养评价体系，定期考核，同时全面客观记录学生课内外劳动过程和结果，做好评价记录，形成质量考核标准，作为升学、转专业、评奖评优的参考。

2.激发首创精神

首创精神是创新意识更高层次的表达方式，打造"劳创融合"新型育人模式需激发首创精神。

第一，将"劳创融合"作为推进"五育并举"的重要举措。例如，举办体育产业创新创业大赛，可以为体育事业注入创造活力；将劳动教育融入美育之中，开展各种有益的"劳美相融"活动，可以使学生认识美感、创造美感，美化劳动主体、环境、工具、过程、产品。这些都有助于激发学生的首创精神。

第二，将劳动教育载体与创新创业教育载体有机统一。高校应采取"化零为整"的理念，将分散的劳动教育资源融入实践育人体系，最大限度地激发学生的首创精神。高校可以实践育人创新创业基地为场所载体，为劳动教育提供场所保障；以多种多样劳动实践活动、创新创业活动为活动载体，增加劳动选择的多样性；立足于场所载体与活动载体，加强学校教育活动设施标准化建设；建立器材、耗材补充机制，完善安全保障机制，充分利用创新创业资源开展劳动实践。

第三，将开放共享理念纳入高校新型人才培养体系。开放共享是我国新发展理念之一，高校应以开放共享为办学理念，将大学生劳动者作为培养主体，让学生在共享中增加创新动力，激发学生的首创精神。新型人才培养体系应注重"五育并举"，以劳动教育为实践基石，以创新创业教育为延伸，实现劳动教育成果与创新创业教育成果共享、资源共享、人才共享。促进成果共享需创新成果形式，将劳动技术与创新创业融进科研成果、实践项目成果，搭建共享平台，向社会推广"劳创融合"育人模式的有益经验，实现良性协同发展；促进资源共享需通过校企资源沟通、校校资源沟通、跨地域资源沟通、政府资源调配等形式；促进人才共享则需凝聚劳动型、创造型人才，打造"师生共创"模式，推进人才培训与人才推荐机制建立。

3.培育服务意识

指导学生服务社会并投身于社会建设，是所有教育手段的最终目的。

第一，项目驱动，彰显育人特色。一要健全"社、校、家"三位一体的项目保障机制，社会为项目提供平台或资源支撑，家长需树立正确的劳动观念与大局意识，摒弃功利主义思想，配合学校探索"劳创融合"项目，形成三方互相支持的引导育人格局；二要支持"劳创融合"项目研究，尤其支持具有专业特色、地域特色、学校文化特色的新项目；三要坚持"基础项目＋提升项目＋拔尖项目"的层级化项目建设思路，鼓励学生服务社会项目建设，推进社会实践等基础项目全面化，创新创业社团、劳动训练活动等提升项目精品化。

第二，竞赛引导，提升育人质量。高校应创新竞赛形式，形成闭环式竞赛体系，实现知识到技能的转化、校内实训到创业实战的过渡，达到通过赛事比拼提升服务的目的；组织开展精品社会实践、志愿服务、创新创业、劳动实践比赛等活动，以高质量项目培养高质量人才，增强学生的服务意识。

第三，产教融合，强化育人体验。产教融合将"教育链"与"产业链"衔接，有效缓解了高校人才培养供给侧与产业结构需求侧的矛盾。学生深入企业与社会服务岗位，有助于增强感情认同。通过建立校企协同共建育人基地、打造校企合作产教融合项目、企业导师进课堂等方式开展协同育人，可解决学生实习实践场地不足、实践指导不到位、理论与实践脱节等问题，为企业提前吸引优秀毕业生入职做好准备。

第二节　新时代大学生
劳动教育的实践

一、大学生劳动教育中的生活技能实践

（一）卫生劳动

1.寝室卫生

寝室是学生学习、生活的重要场所，寝室文明环境建设直接体现了学生的精神面貌和个人素质，直接关系到学生的身体健康。

（1）文明寝室建设要求

学生应将维护整洁文明的寝室环境内化为自觉追求，外化为自觉行动。文明寝室建设要求具体包括：①文明寝室总体应达到"三有""三齐""六净""五无"的目标。"三有"，即有室长、有值日安排、有寝室公约；"三齐"，即室内物品摆放齐、床褥衣服叠放齐、个人物品存放齐；"六净"，即地面净、玻璃净、桌椅净、墙壁净、被品净、洗漱用品净；"五无"，即无违禁电器、无宠物、无垃圾、无异味、无杂物。②每天应自觉做到"六个一"、自觉遵守"六个不"，维护寝室良好的生活环境。"六个一"，即叠一叠被子、扫一扫地面、擦一擦台面、整一整柜子、理一理书架、倒一倒垃圾；"六个不"，即异性宿舍不进出，外人来访不留宿，危险物品不能留，违规电器不使用，公共设施不损坏，果皮、纸屑不乱丢。③应杜绝不文明行为，如不在宿舍养宠物、不在宿舍楼内抽烟、不在门口丢放垃圾、不乱用公共电吹风等。

（2）特色寝室建设标准

特色寝室宣扬的是一种文化，一种相互影响、彼此照应、和谐共进的良

好氛围，对学生文化修养、综合素质等各方面的提高有着很大的促进作用。特色寝室的建设，要以"三比"（比理想、比学习、比奉献）为核心，以"四互"（互帮、互助、互管、互爱）为主要形式，以"五要求"（安全、干净、整洁、文明、团结）为目标，考虑寝室大部分人的特性、喜好、价值观等，然后以此为方向构建别具一格的"特色"文化。如果寝室大多数人都喜欢学习，便可以考虑建设学习型寝室；如果寝室大多数人都喜欢运动，便可以考虑建设运动型寝室；如果寝室大多数人都对环保有一定兴趣，便可以考虑建设环保型寝室。

（3）寝室美化设计与创意

美化原则包括：①简单、大方。寝室一般不大，没有必要摆放过多物品进行装饰，否则会显得太杂。②温馨、舒适。寝室是放松休憩的地方，在美化时要考虑烘托一种温馨、舒适的氛围，让室内充满家的温暖气息。③突出文化气息。寝室还是学习的场所，在美化时，要从色彩、风格上考虑这个因素，营造一个安静、适宜学习的空间。

寝室美化小窍门包括：①衣柜整理。宿舍里的衣柜很多都是直筒式的，几乎没有隔断，在放置衣物时往往会浪费很多空间。使用隔板能够将衣柜划分成大小合适的区域，充分规整收纳空间。此外，还可以购买一些多层收纳挂筐，这样就能够将各种物品分类收纳，使所有物品一目了然。如果宿舍的衣柜里没有挂衣杆，则可以用"伸缩棒"代替。②桌面美化。首先，可以采用网格板收纳。网格板是一种轻便又实用的收纳工具，而且购买成本非常低。将网格板放置在桌面旁边的墙上，能够将桌面上的小物品收纳起来，同时网格板也是一种很好的装饰品。其次，桌下挂篮能创造隐形的收纳空间，可放置多种物品。③床边装饰。床边挂篮和床边挂袋是寝室非常实用的收纳和装饰工具，既能够放水杯、纸巾，还能放一些书，可以避免爬上爬下来回拿东西，同时也可以保证床铺的整洁。

2.校园卫生

校园物质环境主要是指校园内经过人们组织、改造而形成的校容校貌和校园学习环境，具体包括自然物、建筑物及各种设施等。这种物质环境能使学生在不知不觉中自然而然地受到熏陶、暗示、感染。干净、整洁的校园物质环境能陶冶学生的情操，促使学生形成良好的行为习惯，对不良行为和不良风气具有约束力。

为维护良好的校园秩序，营造一个文明、整洁、健康、高雅的校园环境，建设平安校园、和谐校园，可制定以下校园文明行为规范：①着装整洁得体，仪容端庄；②行为举止高雅，谈吐文明；③爱护学校花草树木，节约用水；④乘坐电梯遵守秩序，先下后上，相互礼让；⑤遵守学校环境卫生的有关规定，保持学校环境卫生，不随地吐痰、不乱扔杂物；⑥文明如厕，保持卫生间清洁，爱护其设施；⑦上课时遵守课堂纪律；⑧爱护教室设施，合理使用教学设备，保持干净整洁的教学环境；⑨汽车、电动车、自行车停车入位，摆放有序；⑩严禁在教室、办公室、楼道、卫生间等场所吸烟。

（二）垃圾分类

1.垃圾分类的意义

实行垃圾分类，关系广大人民群众的生活环境，也是社会文明水平的一个重要体现。实行垃圾分类，具有以下几个方面的意义：

（1）减少环境污染

我国现有的垃圾处理方式包括填埋和焚烧。填埋垃圾时，即使远离生活场所并采用相应的隔离技术，也难以杜绝有害物质的渗透，这些有害物质会随着地球物质循环而进入整个生态圈中，污染水源和土地，通过植物或动物最终影响人们的身体健康。另外，垃圾焚烧也会产生大量危害人体健康的有毒气体和灰尘。其实，有很大一部分垃圾是不需要填埋也不需要焚烧的。如果我们能够做好垃圾分类，就能减少垃圾的填埋和焚烧，从而减少环境污染。

（2）节省土地资源

填埋和堆放等垃圾处理方式不仅占用土地资源，且垃圾填埋场属于不可复用场所，即填埋场不能够重新作为生活小区。此外，生活垃圾中有些物质不易降解，会使土地受到严重侵蚀。实行垃圾分类有利于节省土地资源。

（3）促进资源的循环利用

垃圾的产生源于人们没有利用好资源，将自己不用的资源当成垃圾丢弃，这种废弃资源的方式对于整个生态系统的损失是不可估量的。在处理垃圾之前，通过垃圾分类回收，就可以将部分垃圾变废为宝，如：回收纸张能够减少森林资源的浪费；回收的果皮蔬菜等生物垃圾，可以作为绿色肥料，让土地更加肥沃。

此外，垃圾分类还有利于改善垃圾品质，使焚烧（或填埋）得以更好地进行无害化处理。以垃圾焚烧为例，分类能助力焚烧处理做得更好，可起到减量（减少垃圾处理量）、减排（减少污染排放量）、提质（改善燃烧工况）、提效（提高发电效率）等作用。

垃圾分类是处理垃圾公害的最佳解决方法和最佳出路，进行垃圾分类已经成为一个国家环保事业发展的必然路径。垃圾分类能够使民众学会节约资源、利用资源，养成良好的生活习惯，提高个人的素质修养。一个人如果养成良好的垃圾分类习惯，他就会关注环境保护问题，在生活中注意资源的珍贵性，养成节约资源的习惯。

2.垃圾分类操作

第一，进行垃圾分类，关键要掌握分类标准。垃圾主要分为以下几类：①可回收物，主要是玻璃、金属、塑料、废纸、废织物；②有害垃圾，主要是废电池、废灯管、废药品、废油漆及其容器、含汞（水银）的温度计等；③厨余垃圾，主要看是不是很容易腐烂、很容易粉碎；④其他垃圾。当发现有不能准确判断类别的垃圾时，可以把它归到其他垃圾中。

第二，掌握投放要点。可回收物投放要点：①应尽量保持清洁干燥，避免污染；②立体包装物应清空内容物，清洁后压扁投放；③易破损或有尖锐边角的应包裹后投放。有害垃圾投放要点：①投放时应注意轻放；②易破碎的及废弃药品应连带包装或包裹投放；③压力罐装容器应排空内容物后投放；④公共场所产生有害垃圾且未发现对应的收集容器时，应携带至有害垃圾投放点妥善投放。厨余垃圾投放要点：①厨余垃圾应从产生时就与其他类型的垃圾分开收集；②投放前尽量沥干水分，有外包装的应去除外包装后投放；③公共场所产生厨余垃圾且未发现对应的收集容器时，应携带至厨余垃圾投放点妥善投放。其他垃圾投放要点：投入干垃圾收集容器，并保持周边环境整洁。

（三）手工制作

新时代大学生不但要具备健全的人格，还应具备较高的精神修养与艺术审美能力，这样才能适应社会主义现代化发展的需要。因此，学校通过多种形式开展美育课程及艺术文化活动，是加强思想政治教育工作及完善育人体系的重要环节。手工制作技艺是劳动人民在满足生活和审美需要的过程中发展而来的，也是当前学校进行劳动教育及美育的重要资源。近年来，手工制作在校园越来越受重视。大学生学习、参与手工制作的主要平台有手工制作类课程、优秀传统手工制作技艺传承活动、创意 DIY 手工活动等。

1.手工制作类课程

手工制作类课程是新时代大学生劳动教育中一门重要的专业技能课程，主要研究手工特点、造型规律、表现媒材等内容。学生需掌握手工制作的基本原理及简单工具的使用技巧，同时还需完成相对复杂的、兼具较高艺术审美情趣的手工作品。随着高校教育教学的改革与发展，手工制作类课程逐渐得到重视。它在陶冶情操，提高美育素养，培养动手能力，激发创造力，促进大学生德智体美劳全面发展等方面具有重要作用。学校手工制作类课程涉及扎染、蜡染、刺绣、布艺拼贴、彩绘等。下面介绍大学生劳动教育中常见的两种手工技艺。

（1）扎染

手工扎染作为手工制作的课程之一，讲究布与色彩艺术的完美结合，深受学生的喜爱。所谓扎染，就是用绳子等工具来扎紧布，染色后则会形成规则或是不规则的花纹，扎紧的部分染色会比较少或是没有。在手工扎染中，很重要的工具便是染料。染料有很多种，可分为直接染料、酸性染料、分散染料、活性染料、有机染料等，而大学生最常使用的是直接染料。这样学生在进行扎染制作的时候，就不需要借助过多复杂的工具。下面主要介绍准备染液和对布的处理两个步骤。

一是准备染液。染料需要按一定的比例和标准配制成染液。在配制染液时，先将适量的染料倒入玻璃杯中，而后加入适量的温水并用棍棒搅拌均匀，避免玻璃杯中出现块状晶体的沉淀；而染液在放置一定时间后，会出现沉淀或是分层的现象，这时只需把染液放在锅里蒸热、搅拌即可。若是还有剩余的染液，就可以选择密封性强的玻璃罐将它密封起来，放在阴凉、干燥的地方储存，再次使用时便用上述方法将其复原，这样可以避免浪费。一般而言，在扎染当天准备好染液即可。

二是对布的处理。在染色前将布放在沸水中泡煮有利于染色过程中布对染料的吸收，同时有助于去掉布表面的布浆，以便更好地进行染色。之后再将布放在凉水里浸泡、搓洗，就可以开始进行扎染了。另外，在扎染前还可以给布的表面涂上糖浆，这样会形成散射的布艺效果，构成许多漂亮的图案纹样。

（2）女红

女红亦作"女工""女功"，或称"女事"，属于中国民间艺术的一种。纺织、编织、缝纫、刺绣、拼布、贴布绣、剪花、浆染等都称为女红。刺绣作为女红中一个重要的种类，是当代大学生日常生活中接触较多和需要掌握的简单技能。我们身边许多常见的物品都可以用来为刺绣服务，如针、线，是我们生活中缝补时常用的工具，能为我们的生活增添别样的情趣。例如，绣制可爱的小饰品、在衣服上缝制图样、手工刺绣图画等，可以有效缓解学生的心理压力，同时提升他们的审美素养。除此之外，缝缀也是一项日常较实用的手工技艺，而缝缀和刺绣的完美结合能为手工作品增色不少。

目前，高校的手工制作类课程仍存在教学模式传统，教学内容单一，缺少传统文化资源的融入，手工课教学设备不完善，学生缺乏学习手工的信心和兴趣等问题。因此，学校为了顺应时代发展的需要，也在积极进行探索与改革，如尝试结合网络资源采取翻转课堂的手工课教学模式，致力于挖掘民族传统手工技艺资源，并运用计算机技术等实现手工制作的创新。

2.优秀传统手工制作技艺传承活动

新时代高校不仅是传播知识、培养人才的摇篮，同时也肩负着传承中华优秀文化的重任。学校应立足于我国的基本国情，对学生进行审美观念的正确引导，培养大学生的爱国情怀和对中华优秀传统文化的尊崇之情，增强当代大学生的使命感和责任感。新时代的大学生也需自觉提升对中华优秀传统文化价值体系的认同。

当前，各地学校正在积极探索优秀传统手工制作技艺融入高校劳动教育课程的途径。大学生可在三个方面参与到优秀传统手工制作技艺的学习中：传统手工艺课程体系的引入创新、传统手工艺人进课堂、相关特色文化活动的建设。

传统手工艺课程体系的引入并不是生搬硬套地照抄，而要与新时代大学生劳动教育课程相融合，深入挖掘传统手工艺术元素，将剪纸、陶艺、泥工、漆艺、蜡染等本土特色融入手工课程体系，利用本土丰富的手工艺资源，对其中的经典文化元素、制作手法、构图等进行重新组合，让优秀的传统文化资源成为劳动教育的优势，同时有效促进传统手工技艺的知识普及与传承创新。不少高校也正在推进传统手工艺人进课堂的教育模式。高校聘请传授手工技艺的师傅，对专项手工制作进行教授。刺绣、编织、印染、陶艺等具有地方特色的传统手工技艺传承人走进劳动教育课堂，不仅能为学生提供丰富的实践资源，还能更好地帮助学生理解民族文化的内涵，增强对中华优秀传统文化的认知。除此之外，学生还可通过学校手工爱好社团活动、手工制作展、手工体验馆、课外考察等搭建的手工制作实践、展示、交流的多样化平台，深入领悟其文化内涵，融入当代审美情趣，感受传统手工艺术的时代魅力。

3.创意 DIY 手工活动

DIY 是"do it yourself"的缩写，即自己动手做。创意 DIY 手工在锻炼动手能力、验证理论知识、缓解学习和生活压力等方面有着独特的价值。目前，不少大学生的业余生活都被网络、游戏所充斥，他们在快节奏的信息冲击下，在碎片化的信息数据影响下容易变得浮躁。而手工 DIY 这种形式，讲究自主思考，注重思维和行为之间的协调，在丰富大学生业余生活的同时，还有助于培养创新精神、展现个人风采。学生可通过 DIY 手工坊、社团 DIY 活动、校园 DIY 大赛等途径积极参与 DIY 手工制作。高校创意 DIY 手工活动也可与学生各类主题思想教育相结合，成为弘扬校园主流文化、提高学生综合素质的新平台。

（四）物品整理

家居环境、寝室布置与大学生的日常学习、生活息息相关，其中物品的整理陈设直接体现了当代大学生的精神面貌和个人素质。在校园生活中，学生首先应做好自己寝室的物品整理。新时代大学生应将维护整洁文明的寝室环境、保持寝室物品的规整和美观内化为自觉追求，外化为自觉行动。

今天我们对"物品整理"的理解已不再停留于将东西整理、收藏好，还需要让放置好的物品能够被轻松取出、轻松放回、轻松打扫，这样我们的日常整理才会形成良性循环。有效的整理方法更容易保持家居、寝室的整洁。因此，当代大学生在整理物品时要达到"好收好拿好放回"的目的，努力养成"随用随拿随放回"的良好习惯。"好收好拿好放回"，即做好物品分类，按照使用人、使用场所和使用习惯对物品进行归类整理。这样能有效保持家居、寝室的整洁持久度。而"随用随拿随放回"的生活习惯既方便物品使用，也便于日常整理。

1.物品整理的原则

物品的规整布置、美化装饰直接影响寝室的美观程度，反映寝室文化。寝室物品的整理应遵循整洁大方、温馨舒适的原则。同时，大学寝室的整理和布置还需考虑大部分人的特性、喜好、价值观等，在此基础上统筹设计，营造出别具一格的"特色"文化，建设文明、温馨、绿色的特色寝室。

2.物品整理的方法

在高校文明寝室建设的大背景下，我们应大力提倡与推广科学的整理理念与方法，改变过去对物品的整理仅停留在"打扫"上的错误观念。当代大学生应把物品整理作为一种合理有效利用空间、方便物品取用的生活习惯，同时也作为一种美化寝室环境、提升生活质量与幸福感的居家方式。下面介绍一套科学系统的物品整理方法，即"设定理想目标—舍弃—收纳整理—美化装饰"。

（1）设定理想目标

以"做一次整理，不再回到原来混乱状态"为目标进行彻底整理。可以尝试做以下准备：给凌乱的寝室一角拍照，发给亲人或朋友，激励自己努力整理；进行物品分类时要按类别，而不是按"场所"整理；学会列清单，做"整理笔记"能让事情更有条理，获得成就感等。

（2）舍弃

保留那些比较稀有的物品（难买到又无法替代的），或者具有信息价值（有用）、情感价值（有回忆）以及功能价值（能使用）的物品，丢弃、转卖或捐赠已经完成本身使命的物品。

（3）收纳整理

首先要设置好物品固定的存放位置，以"好收好拿好放回"为原则，通过折叠、集中、直立、四方形摆放等方式，做到九分收纳，切忌"过度划分"，并学会借用一些整理工具，如收纳盒、S形衣撑等。

（4）美化装饰

根据前文美化设计的相关内容，统筹寝室装饰布置，打造兼具寝室文化与个性特色的温馨、绿色的环境。

寝室是集体生活、学习的公共居所，如果不注意及时整理，很容易就会陷入混乱的状态。此外，寝室还要实现学生睡觉、学习、洗漱、衣物收纳、沟通交流甚至简单锻炼的多种功能。因此，寝室物品的整理收纳是当代大学生必备的生活技能之一。

二、大学生劳动教育中的社会服务实践

（一）政务助理

政务助理一般包括勤工助学和政务实习。通过政务助理，大学生能拓宽专业视域，提高劳动技能，从而更好地为未来的职业发展奠定基础。

1.勤工助学

勤工助学，一般是指学生在学校的组织下利用课余时间，通过劳动取得合法报酬，用于改善学习和生活条件的实践活动。勤工助学是学校学生资助工作的重要组成部分，是提高学生综合素质和资助家庭经济困难学生的有效途径，是实现全过程育人、全方位育人的有效平台。随着国家教育体制的改革和素质教育的全面开展，勤工助学成为大学生参与社会服务、实践活动的重要途径。

在新的时代背景下，勤工助学可以产生衍生价值，它可以让学生在勤工的过程中有更多的收获。勤工是手段，助学是目的，勤工助学是为大学生量身定制的"有薪劳动"。首先，勤工助学是大学生的劳动启蒙。无论怎样的勤工助学岗位，都是一份"工作"，参与者只有劳动才能完成，只有付出才有收获。学生通过付出脑力和体力取得经济收入，这种劳动体验与锻炼有利于大学生健康、全面地成长。其次，勤工助学是大学生的财富启蒙。学生勤工的收入可以直接补贴生活，减轻家庭的经济压力；大学生也可以增强对"劳动创造财富""知识创造财富"的认识，体会到每一分钱都来之不易，养成勤俭节约的习惯。

学校通过组织勤工助学，对学生进行劳动技术教育，培养学生正确的劳动观，使其养成自立、自强、艰苦奋斗等良好品质。

2.政务实习

大学生政务实习一般由各级政府等相关部门联合开展，由市直单位、县市区直单位、大中型企业等提供实习岗位，由学校团委、学工部、研工部等部门遴选具有较高综合素质的学生志愿者，赴企事业单位开展以政务参访、岗位体验、学习交流等为主要方式的社会服务活动。活动时间一般为寒假或暑期，为期1~2个月。

高校通过开展大学生政务实习活动，引导大学生在服务家乡经济建设和民生发展的生动实践中受教育、长才干、作贡献；帮助大学生在实习实践中深入了解国情社情，树立正确的就业观，储备就业工作经验，为就业做好充分准备，实现更高质量和更加充分的就业。

通过多种形式的实习实践，高校可以进一步构建多层次、全方位、立体化的人才培养模式，引导大学生感受党政机关良好的工作状态和精神面貌，帮助他们在实习实践中坚定理想信念、提升政治素养、锤炼过硬本领、培养良好作风，努力成长为德智体美劳全面发展的社会主义建设者和接班人，争做担当民族复兴大任的时代新人。

（二）专业劳动

要在学生中弘扬劳动精神，教育引导学生崇尚劳动、尊重劳动，懂得劳动最光荣、劳动最崇高、劳动最伟大、劳动最美丽的道理，长大后能够辛勤劳动、诚实劳动、创造性劳动，这是对新时代高等教育育人功能提出的更高要求。如何将劳动教育贯穿于专业教育全过程，发挥专业劳动教育在培养德智体美劳全面发展的社会主义建设者和接班人中的作用，是值得思考与探讨的问题。

1.认识专业劳动和专业劳动教育

第一，专业劳动。专业劳动是围绕就业岗位从事的与专业相关的劳动实践，如跟岗实习、顶岗实习和各类专业技能训练等。专业劳动是教育与生产劳动相结合的实践教学形式，是学生将理论知识应用于生产实践而获得实践经验的重要途径，在培养学生观察、发现问题以及应用所学知识解决问题的能力方面发挥着重要作用。学生通过参加各种专业劳动，将各学科知识融会贯通，并在实践中发现问题、解决问题，使课堂上学习的理论知识得到了印证。学生在专业劳动过程中也积累了实践经验，提高了实践操作技能和专业综合能力，培养了面向基层、面向农村、艰苦奋斗、求真务实的工作作风。

第二，专业劳动教育。学校劳动教育需要紧密结合学生的专业特点，对学生进行专业劳动教育，帮助学生形成正确的劳动观、价值观，并在专业劳动实践中不断成长与发展。以交通土建类专业劳动教育为例，学校要聚焦与学生专业相关的就业岗位，举办专业技能竞赛，强化工程测量、工程识图、试验检测、力学检算等专业基础性技能训练，促进学生专业技能的提升，夯实学生职业发展的基础。高校与企业共建生产实训基地，开发与生产活动对接的实践训练项目，实施实训室开放式管理，搭建劳动技能培养平台。要加强与交通土建施工企业合作，落实学生实习岗位，针对交通土建工程施工周期性特点，灵活组织教学模式。在春夏施工旺季，学生在企业开展跟岗、顶岗实习；在冬季息工季节，学生在校强化专业知识和单项技能。学生在实习期间参与完成企业生产任务，校企安排"双导师"进行指导，让学生在岗位上锻炼，在劳动中提升。

2.推进劳动教育与专业教育的融合

第一，推进劳动教育与不同专业相融合。劳动教育与专业教育在过程和目标上都具有内在统一性。大学各类专业课程，从知识体系构建到知识体系向劳动体系转化、向科技创新升华、向社会财富转变等，无不渗透或展现出当代社会的劳动价值与发展趋向。因此，高校应在专业知识传授中强化劳动观念导向、劳动立场导向、劳动态度导向、劳动精神导向，自觉融入劳动要素，在"传道"中"授业"，努力构建具有本专业特色的劳动教育价值体系。同时，注意加强专业教育中劳动知识的传授和劳动技能的训练，培养劳动精神、劳模精神、工匠精神，使当代大学生成为劳动精神、劳模精神、工匠精神的自觉实践者。

高校应根据专业发展特点开设课程，传授专业劳动知识，培育专业劳动技能，培养具有创新精神和实践能力的高素质专门人才。在各类专业设置中，自然科学领域的科学研究，如物理实验、化学实验、天文观测、地质勘探等具有鲜明的劳动特点；工科中的机械、电气、建筑、水利等研究应用技术和工艺，是专业教育与劳动教育相结合的生动实践；在社会科学领域，社会调查具有劳动的性质。可见，不同的专业蕴含着丰富的劳动教育元素，高校需要对不同的专业课程进行全方位挖掘，促进劳动教育与不同专业课程的融合。

第二，推进劳动教育与实习实训相融合。实习实训是高等教育实践教学环节的重要组成部分，包括专业实验、专业实训、专业实习等。专业实验是指专业课程教学中需通过实验完成的教学环节；专业实训是指依托相关部门开展的实践教学活动；专业实习是指学生在与所学专业相关的部门从事的实践工作。实习实训是学生学习劳动知识和技能的主要方式，是培养学生劳动价值观的主要阵地，是学生养成劳动品质的练兵场。

当前，各高校根据国家要求，不断推进实习实训课程建设，积极拓展实习合作企业与行业部门，建成了一系列实验教学中心和实习实训平台，以满足人才培养的需求，但是实习实训与劳动教育的融合度仍有待提升。因此，高校要抓好实习实训中的劳动教育，推进劳动教育与实习实训相融合，在实习实训中融入劳动价值观教育，让劳动品质根植于学生心灵，让劳动成为一种习惯。

（三）创新创业

创新创业由"创新"和"创业"组成。创新是以新思维、新发明和新描述为特征的一种概念化过程。创新有三个层次，即基础性创新、支撑性创新和应用性创新。创业是不拘泥于当前资源约束，寻求机会，进行价值创造的行为过程。创新创业是在创新基础上的创业活动，创新是创业的基础和前提，同时创业又是创新成果的载体和呈现。

1.创新创业的特征

（1）高风险

创新创业受到人们现有认知、行为习惯等方面的影响，会面临比传统创业更高的风险。

（2）高回报

创新创业是对已有技术、产品和服务的更优化组合，对现有资源的更优化配置，能够给人们带来更大的新价值，从而开创所在领域的"蓝海"，获取更多的竞争优势，也获取更大的回报。

2.创新创业的意义

创新创业是发展的动力之源，也是富民之道、公平之计、强国之策。

首先，从综合国力角度上看，创新创业是我国生存和发展的需要，有利于提高我国的综合实力。当前，全球新一轮科技革命和产业变革蓄势待发，我国经济进入速度变化、结构转型和动力转换的关键时期。面对新的形势，我国必须深入推进大众创业、万众创新，着力营造有利于杰出科学家、发明家、技术专家和企业家不断涌现，以及大众创业、万众创新蔚然成风的社会环境和文化氛围，让每一个充满梦想并愿意为之努力的人获得成功，实现经济平稳持续增长、国家强盛、人民富裕和社会公平正义。

其次，从经济转型角度上看，创新创业是坚持创新发展、实施创新驱动发展战略的关键实现途径，有利于推进供给侧结构性改革，促进我国经济发展。创业创新，可以大幅增加有效供给，增强微观经济活力，加速新兴产业发展，又可以扩大就业、增加居民收入，还可以促进社会纵向流动和公平正义，是经济发展的引擎。

最后，从个人发展角度上看，创新创业有利于缓解学生就业压力，使其实现个人价值与社会价值。创新创业有利于解决就业难的问题。毕业生通过自主创业，可以把自己的兴趣与职业紧密结合，做自己最感兴趣、最愿意做和最值得做的事情，可在广阔的社会舞台上大显身手，最大限度地发挥自身才能。同样，创新创业意识和能力的培养也有助于学生不断完善自身的知识和能力结构，更好地完善自我、适应社会，从而实现个人价值与社会价值。

3.创新创业能力的提高

（1）构建整体融合的育人机制

高校开展创新创业实践活动，培养学生的创新创业能力，需要善用整体性思维，在育人机制中坚持政治引领、价值引领、文化引领、专业引领相结合，形成整体融合的育人机制。在创新创业教育中，高校可打造学院、教师、平台、团队"四位一体"的创新创业实践服务体系，全方位、全过程地将创新创业教育与德育工作相结合、与实践育人相融合，有效提高学生的创新创业能力，如组织学生参加志愿服务等社会创新实践活动，为他人提供创新创业政策咨询、技术支持、专业培训等，培养学生的"工匠精神"和爱国主义情怀。高校可通过营造浓厚的创新创业整体氛围，引导学生在创新创业实践中成长成才。

（2）整合多方互补的优势资源

高校组织开展创新创业劳动实践，需要整合多方资源，实现与政府协同、与企业协同、与社会协同。

一是与政府协同，落实创新创业教育相关政策。学校需要与政府紧密联系，依托政府提供的政策优惠、资金扶持等，将创新创业教育与大学生思想政治教育紧密结合。

二是与企业协同，关注大学生未来的职业发展。学生创新创业实践活动不能只局限于理论、局限于"象牙塔"内，而需要把握市场动态，了解企业需求。只有与企业展开联系与合作，才能促进创新创业活动与社会融合、与市场融合，从而为创新创业教育提供动态的、持续的资源支持。

三是与社会协同，注重与社会实践相结合。学校需要结合专业设置、学生特点等情况，加强与不同地区、社区、乡镇等区域资源的协同，为学生提供创新创业劳动实践的机会，以培养素质高、创新创业能力强、具有国际视野和扎实基础的"又红又专""顶天立地"的人才。

（3）形成多层递进的教学链条

在创新创业教育中，教学是重要的环节，影响着学生创新创业能力培养的质量。高校在培养学生创新创业能力的过程中，应形成多层递进的教学链条，打通学生、教师、课程、项目之间的关系。一方面，遵循学生的成长成才规律，打造"基础层—突破层—实战层"的学生成长发展轨迹，多层次、递进式培养学生的创新创业能力；另一方面，发挥教师的引领与指导作用，打造"启蒙型导师—应用型导师—高层次人才导师"的梯度结构，更好地为高水平创新创业人才的培养提供教学支撑。

（4）搭建多阶互促的产学研平台

在社会服务实践中培养学生的创新创业能力，可搭建多阶互促的产学研平台，推动产学研紧密结合。

一是构建多层次的创新创业竞赛及服务体系，打造校内外联合的赛事平台，致力于学生创新创业能力的培养。

二是形成"N＋1＋N"一体化的创新创业实践育人平台。第一个"N"是指二级学院创新工作室、大师工作室、教授工作室等，对学生进行创新精神、创业意识和创新创业能力方面的教育；"1"是指校内学生创新创业训练与孵化基地；第二个"N"是指协同政府、企业等资源，建立的校外创新创业实践育人平台。

三是建设学生创业社团等平台。高校可依托大学生创业社团，为学生提供交流研讨、团队协作以及参与创业实践的机会，培养学生的创新创业能力；可搭建假期创业实践平台，组织创业经验交流会等，帮助学生通过寒暑假的创业实践培养创业意识，积累创业经验，提升创业技能。

三、大学生劳动教育中的志愿活动实践

（一）社区服务

社区服务以各类社区服务设施为依托，以社区全体居民、驻社区单位为对象，以公共服务、志愿服务、便民利民服务为主要内容，以满足社区居民生活需求、提高社区居民生活质量为目标。社区服务是一种自组织、自管理模式，既包括学生社区服务，也包括居民社区公共服务。

1.社区服务的目标

社区秉持"核心＋开放"的工作理念，在保证社群活动原生态、可控制的基础上，又注入了开放多元的包容性元素，在融入、结合、渗透上下功夫，在落细、落小、落实上下功夫，打造"小而精、有特色、应用型"的社区服务模式，做到整体规划、有机更新、模式迭代，不断为公共空间创造价值，为美好社区而行动，进而实现"教育资源共享、教育共同体共筑、教育教学活动共联"的目标。

2.社区服务的特征

第一，社区服务并非完全具有自发性，而是在有标准、有引导、有政策、有组织的背景下，形成的一套科学、完备、系统的社区服务体系。

第二，社区服务不是一般意义上的服务产业，区别于经营性的社区服务产业。

第三，社区服务通过延伸手臂、助人自助，从"赋权增能"和"优势视角"理论出发，进行"社区营造"，进而实现自下而上的差序格局人脉网络的形成，从而形成稳定的自治性组织。

3.社区服务的建设原则

（1）组织框架清晰化原则

社区服务组织中的管理成员角色明晰、分工明确，须草拟《学生社区服务自我管理委员会成立工作实施细则》和《学生社区自管会各岗位简介和工作职责》等规范性文件，以 A、B 岗的形式，既保证服务的正常运行，也促进人力资源的储备。

为了将上述模块化、标准化的指引落地，需强化组织建设。通过设置"社区营造师"，即"五位一体"的教练型导师（辅导员、班主任、思政课教师等）成长模式和教练型学生领袖"五人成长系统"，构筑社区服务文化矩阵的人力支持系统，促进社区服务育人的全面落地，最终达到当社区营造师逐步隐形化时，社区文化活动依旧保持活力的目的，保证社区服务营造的可持续性。

（2）内容挖掘精细化原则

瞄准学生在生产劳动、志愿服务、社会实践等方面的成长需求，聚焦大学生内驱力和外驱力两个成长的主动力进行发力，通过线上线下双通道，以社区服务为立足点，打通思想政治教育的"最后一公里"。

运用敏锐的洞察力和转化能力，细分领域、精准对焦，深度挖掘每一个环节、每一领域所蕴含的育人元素和所承载的育人功能，通过社区服务实现"四个营造"，即社区复合型志愿服务综合体的营造、社区全覆盖实践育人氛围的营造、社区浸染式文化"会客厅"的营造、社区抱团式共同体身份认同的营造。

（3）思政教育可视化原则

第一，活动有主题。需明确活动主题，找到聚焦点，形成品牌意识，要关注品牌的角度、影响的广度、专业的深度，即社区服务需立足专业特色，拥有独特的定位。

第二，成长看得见。输入＋输出，线上＋线下，双渠道贯通，通过"强输出"倒逼"强输入"，将劳动实践的成果纳入第二课堂成绩单制度，让社区服务育人的成长轨迹清晰可见，细化指标、量化结果，最终输出学生个人的劳动教育成绩单。

第三，项目有迭代。通过网络对数据进行采集分析，以"小步快跑、快速迭代"的精益创业的方式进行社区服务活动项目的"验证性"迭代，不断优化过程性设计，形成工作闭环。

第四，服务有跟踪。在第一批学生体验社区服务项目后，需要有针对性地优化活动环节，增强同理心，从而形成用户黏性，不断提升学生的大局意识、服务意识，扩大社区服务活动的影响力。

第五，成效有报告。每一期活动后形成用户体验调查问卷，做数据分析，评估社区服务活动的成效，形成基础资料并进行完善和归纳存档。

（4）组织管理企业化原则

组织管理企业化就是把有意义的事情做得有意思，让有高度的工作有温度，为有温度的工作想办法。在学生社区服务项目的建设过程中，要让学生既是参与者、实践者，也是受益者。通过学生社区服务活动创新，鼓励和倡导学生身体力行地坚持做某种微小的尝试，不断与周边同学、学院、学校建立某种联系，进而共建一个文化认同、情感链接、服务共享、劳动共筑的"社区服务共同体"。

4.社区服务的策略

（1）从宏观层面看

一个国家的治理体系和治理能力现代化，既要观"全局"，又要聚"细节"，既要"致广大"，又需"尽精微"。例如，在疫情大考面前，我国各方面、各战线、各领域都能迅速发动起来，与疫区同频共振，这是集中力量办大事的制度优势，更是基层治理，特别是以社区为单位的网格化管理大显身手，迸发出的超强威力。大学生积极响应、身体力行地参与社区服务工作，从摸排"全覆盖"到聚焦"全方位"再到服务"全天候"，在社区筑起了精准防控的坚强堡垒，让社区服务的互助之光、协作之光照亮了人们前行的路。

（2）从中观层面看

为适应 VUCA 时代（变幻莫测的时代）经济社会发展的外部诉求和满足学生的"全人"教育的内在需要，让大学生在踏实劳动中体认新时代、融入新时代、投身新时代，勇于实践、积极探索，高校需积极利用人才培养质量工程建设的契机，与社区服务中心合作，加强联合培养，建设学科实践基地，积极推动"基于项目的导生制"，使理论教学与社区服务实践活动紧密结合，利用不同专业特色的"小杠杆"撬动社区治理的"大格局"，为学生成长成才提供制度化、个性化、常态化的实践支持和指导，培养知识与能力并重的高素质应用型创新人才，也助力社区公共空间的打造，进而推动社区治理服务的创新。

（3）从微观层面看

社区是人们生活的基本单元，应以社区服务为切入点，将"社区营造"的理念植入人才培养、教育教学的全过程，通过自我赋能、自我管理、自我迭代，形成系统内部自主的"滚动式"学习，逐步形成共同的愿景、共同的目标、共同的行为规范。此外，还应贴近实际、贴近生活、贴近学生，聚焦于合作精神和文化氛围的营造，凝聚社区服务意识，培养公共精神，增强学生对社区的归属感，突出学生的主体性作用，激活主体的内生动力，促进校园的和谐稳定，其本质是通过外在社区服务文化环境的营造，使学生拥有一种集"获得、归属、幸福"于一身的深刻的内在劳动体验，进一步提高学生的综合素质。

（二）公益宣传

公益宣传，是高校宣传思想工作的一项重要内容，是"知行思"有效贯通的载体，也是实践育人导向下的有效输出路径。此外，鼓励学生积极参与力所能及的公益活动，做到规范化统筹、品牌化培育、常态化宣传、项目化管理、信息化运作，对于巩固共同的思想道德基础具有重大而深远的意义。

1.大学生公益活动的基本释意与发展脉络

大学生公益活动是指大学生自愿参与或组织的，以助益社会、服务他人、增进福祉为目的的公益行为。大学生公益行为取向包括对社会公益活动的认知和理解、对社会公益性质的判断和诉求的生成，以及产生的行为成效。同时公益愿景、制度激励和自我禀赋、公益精神和人文素养、社会主义核心价值观认知都会对大学生公益行为有着较复杂的影响。公益宣传与劳动教育和社会实践相结合，与工学一体的工作机制相结合，与高校思想政治教育的功能走向相结合等，公益宣传与不同的领域、背景、旨趣从浅表化吻合到深度化融合，并出现"非政治公共领域"多元素交融、演进与派生的新动向，这是社会传播学的理论逻辑、发展转型期中国公益宣传的实践逻辑、经济社会发展形态嬗变的历史逻辑和宣传纪录片的媒介逻辑的多重因素推动的结果。

2.大学生公益宣传的基本向度

（1）理论构建向度

第一，赋权增能理论。赋权增能是一个双向互动概念，我们在给同伴赋能的同时，自己也在增能，这就是一个正向循环，即公益宣传的最佳平衡状态是公益宣传者与受众双向成长。在公益宣传中，不仅个人能动性可得到最大限度的发挥，在多主体参与协作的场景下，还可最大限度地保证公益宣传活动的活力。

第二，优势视角理论。公益宣传活动是一个有机体，和"人"的因素有很大的关联性，有其自然的公益文化生态发展路径、脉络。公益宣传活动要做的就是"剪枝修苗"，通过自律和他律的紧密结合，通过公益宣传共同体的构建，让学生将自身潜在的活力迸发出来，逐步形成公益活动的原动力，从而增强学生对自身的认同、对公益宣传的认同和对美好生活的向往。

（2）价值认同向度

价值是客体之于主体的效应体现，故需要将公益宣传置于主客体的双向互动中，才能科学理解理论指导下实践的价值走向。根据社区治理研究可知，中国是个"能人社会"，需要通过"能人"关系网的动员、激励，形成核心凝聚力，树立良好的社会正向示范效应。在此背景下，高校通过教育引导，开展更多特色公益行动，对项目活动进行外在化的总结呈现，就会产生宣传、推广的辐射效应，进而产生公益实施主体的"能人效应"，吸引更多学生参与到公益志愿服务活动中，实现正向价值认同的传导。

（3）行动规则向度

公益宣传需要以行动为取向，其中蕴含的规则就像一根线，串起每一位致力于公益宣传创新的个体，个体在规则的边界中不断地与资源进行互动，进而形成一个稳固的社区公益文化共同体，通过公益动员，不断辐射带动更多同学，使其用最积极的心态、最有力的行动参与到社会公益事业中。

3.加强和改进劳动教育背景下公益宣传工作的任务

（1）坚定理想信念

高校要通过公益宣传，使学生更好地了解国情，踏踏实实地劳动，传递热爱劳动、热爱生活的态度，不断激发学生积极投身公益宣传事业的巨大热情，引导学生把爱国情、强国志、报国行融入脚踏实地的奋斗当中，凝聚起同心共筑中国梦的强大精神力量。

（2）壮大主流思想舆论

公益宣传作为高校宣传思想工作的一项重要内容，肩负着培育和弘扬社会主义核心价值观的重要任务，对于加强高校意识形态阵地建设，牢牢把握高校意识形态工作的话语权具有重大意义。高校应通过管好导向、管好阵地、管好队伍，不断做大做强正面宣传，帮助学生树立正确的国家观、民族观、历史观、文化观，从而增强明辨是非的能力。

（3）推动文化的传承创新

应建设具有当代特色、体现时代需求的公益文化，培育和弘扬公益精神，打造既有理论高度，又有实践温度的公益宣传文创产品，以公益宣传"进教材、进课堂、进头脑"为主线，通过形式多样的媒介推广和活动宣讲，把高校建设成公益文化宣传的示范区和辐射源，不断增强高校的文化软实力。

（4）立足学生全面发展

"五育"并举的实现，不仅仅靠课堂专业知识的学习，更需要将所学、所知、所得投入社会公益实践中。缺乏扎实的专业基础，公益宣传就缺少了持续发展的驱动力；反过来，缺乏公益宣传的实践出口，理论学习就无法实现内化。公益宣传将"脚力、眼力、脑力、笔力"融为一体，需要态度，更需要温度。

4.劳动教育与公益宣传相结合的发展路径

（1）健全劳动实践组织

随着高等教育的发展，劳动教育和公益宣传的结合需优化外部供给，增强优质供给力，公益宣传活动需从单一、固化、局部等初级要素向知识、技术、数据、管理服务水平等高级要素迭代升级。高校可建立专兼结合、以专为主的劳动实践组织体，聘请专家学者、全国劳模、大国工匠等兼任外聘专家，造就一支政治坚定、学养深厚、有重要影响的劳动实践育人导师团，并通过一定的激励机制、考核机制、评聘机制，保持队伍的相对稳定。高校要借鉴国外工作经验，打造公益宣传的真实化场景等，确保公益宣传"线下"有内容，"线上"有灵魂，全员"全覆盖"，做到从学生中来，到学生中去，让每一名学生都能树立"劳动最光荣"的观念，树立"自己的事情自己做，他人的事情帮着做，公益的事情争着做"的意识，学习劳动技能、养成劳动习惯、热爱劳动人民，在公益宣传的劳动中感受快乐、体悟人生、磨炼意志。

（2）创新劳动发展模式

一是以劳动为导向的优势发展模式。当代大学生处在具有易变性、不确定性、复杂性、模糊性特征的"VUCA"时代，他们是新技术的拥护者，劳动教育也需乘着技术红利的东风，借力打力、借势成势，激活内在基因，善于把握契机，构建公益宣传新生态。例如，聚焦参与者的个人需求，赋予其更多自我实现的可能性，将宣传工作的传统优势与互联网等新兴载体相结合，以跳出传统的宣传工作套路，从内容、形式、载体、方法等方面因时而化、因事而新，并因势利导，善于与周边的环境、资源进行积极互动，协助公益活动对象目标达成。

二是以关系为纽带的带动发展模式。基于对大学生公益宣传行为动机相关要素的考察分析，公益宣传行为是在一定的公益活动认知、内部需求、合理归因、外在呈现等多重因素的激发下产生的策略选择，这种选择必然存在于一个相对完整的生态系统中。例如，公益宣传组可形成临时党支部，以支部为核心，以普通学生为主体；以形式创新谋发展，以共创共享促和谐；以对象接受的多元性为突破口，打造"公益＋"网络宣传平台；以关照人的内在需要为切入点，实现三变，即公益宣传参与群体由"加法"变"乘法"，发展模式由"发散"变"聚合"，运行方式由"封闭"变"共享"，通过多样化、新颖化的呈现，强化大学生公益理念和价值观的存留度。

三是以成果为导向的撬动发展模式。随着社交碎片化、新闻视频化、信息精微化和个性定制化的外部环境发展，劳动教育和公益宣传的结合点需以成果为"定"向，并在"做准对象化分析、做精分众化研究、做细对策性建议"上落细、落小、落实。这里的"定"是指公益宣传的成果可能是有形和无形的兼具，是确定的、客观的、具象化的、不以人的意志为转移的。通过文献检索、实践调查、数据分析等，可以设计符合劳动教育和公益宣传特点的成果评价方式，对实施效果进行多维评价，以综合性的定性分析修正、完善定量决策，实现公益宣传的价值撬动。

（3）构建劳动实践路径

一是观念育人的路径。观念育人是构建劳动实践路径的基础和前提。有了社会主义核心价值观这把总钥匙，就可以在正误、主次、真假、善恶中做出正确的价值判断和价值选择。在公益宣传过程中，坚持育人导向，突出价值观引领；全面统筹各领域、各方面、各环节的育人资源和育人力量，培育公益精神，实行"全人"教育；推动知识传授、能力培养与理想信念、价值理念、道德观念的有机融合，建立系统化观念育人长效机制。

二是实践育人的路径。公益宣传与公益服务、社会实践活动所蕴含的精神内核是一致的，都体现了理论教育和实践养成的结合。通过整合公益活动资源，强化项目式管理，搭建多元化传播平台，不断完善支持机制，可教育引导学生在公益宣传项目的亲身实践中，树立家国情怀。

三是服务育人的路径。在公益宣传活动中，要把握对象化的发展需要，不断增强服务育人的供给力，强化公益文化的理解力、感悟力，强化服务对象的同理心，提供精准化的靶向服务。同时，只有扎根社区、深度挖掘、进行体验式学习，才能为深度服务提供有效的条件保障。只有在深度接触和实践的基础上才能掌握一手资料，积极帮助解决能力范围内的合理诉求，为公益宣传提供鲜活的素材。

第三节　新时代大学生劳动教育的构建路径

一、新时代大学生劳动教育机制的构建路径

（一）构建大学生劳动教育机制的现实意义

1.有利于促进大学生自由全面发展

新时代高校劳动教育不应仅仅是"苦其心志，劳其筋骨"的体格训练，而是与德育、智育、体育、美育形成合力，培育知行合一的社会主义劳动者的系统工程。当代大学生思维活跃，富有个性，处在需要引导和规范其劳动意识和劳动观念，以形成相对恒定的劳动价值观的关键时期，如果高校劳动教育缺位，则不利于大学生培养良好的劳动意识、劳动习惯和劳动素养。对大学生进行系统科学的劳动教育，不仅可以帮助大学生增进劳动体认、深植劳动情怀、锤炼劳动品质、养成劳动习惯、形成正确的劳动价值观，还能为其成长成才、在社会实践和工作岗位中增强劳动本领、实现人生价值储备能量。

2.有利于弘扬工匠精神与劳模精神

执着专注、精益求精、一丝不苟、追求卓越的工匠精神和爱岗敬业、争创一流、艰苦奋斗、勇于创新、淡泊名利、甘于奉献的劳模精神，折射出新时代的人文精神和一个民族的品格风貌，是新时代大学生人生价值和道德取向的标杆。在大学生劳动教育中涵养和推广工匠精神和劳模精神，不仅可以通过鲜活案例和先进榜样的感召，使劳动教育形式更加多样、题材更加生动，增强大学生对劳动教育的认同感，同时也是工匠精神和劳模精神走进大学校园，在大学生群体中入脑入心的有效途径。例如，可以聘请劳动模范和匠人开设讲座，

引发大学生对工匠们追求卓越的创造精神、精益求精的钻研精神和劳模们无私忘我情怀的感佩与效仿；也可通过开设工匠精神和劳模精神特色课程，在充分把握大学生年龄特点、专业特色和接受程度的基础上，灵活运用集中讲授、分组讨论、心得分享等授课方法，点燃大学生对工匠精神和劳模精神的追求热情；还可以运用各种现代传播手段，如微视频、公开课，以及灵活多样的互动交流活动和比赛，构建课内学习与课外延伸的学习共同体。以工匠精神和劳模精神为载体开展大学生劳动教育，可以在高校这个微环境内形成尊重劳模工匠、敬爱劳模工匠、学习劳模工匠的良好风尚，从而将工匠精神和劳模精神渗透到大学生学习生活的内部，融入大学生衣食住行和日常生活的方方面面。

（二）大学生劳动教育机制的构建路径

1.明晰培养目标

高校是以就业为导向，面向社会产业第一线，培养具有丰富理论知识和较强实践能力的高级技术应用型人才的场所。因此，各高校必须在明确社会主义办学定位的基础上，明晰育人目标；建立科学的考核评价体系，强调综合素质评价在大学生考核评价中的比例；加强与其他高校以及研究机构的协同合作，发挥各自优势，形成整体育人效应链，共同推动劳动教育实现纵深发展；引导高校学生自觉提升专业技能，培养劳动情感，涵养劳动品德，树立正确的劳动观，更加明晰自身的责任，在今后的学习、生活和工作中能够通过辛勤劳动、踏实劳动、创造性的劳动实现人生价值，成为新时代的奋斗者。

2.创建课程体系

劳动教育既包括劳动知识，也包括以实践活动为载体的"行为劳动"，还包括通过知识学习、实践经验总结形成的劳动价值观。要让劳动教育落地生根，就必须将劳动教育纳入学校的课程体系之中。

第一，发挥专业课程教学和思想政治课程教学的作用，使学生了解社会发展的现状与需求，对实践劳动有新的认识和理解，同时利用专业课程的实操训练，提升学生的专业技能，进而提高学生实践劳动的能力和水平。

第二，充分利用第二课堂，鼓励学生在相对自由的环境下与多学科交融的活动中进行探索创新，提高学生的动手能力。

第三，拓展社会实践活动。学生的发展是"学校—家庭—社会"共同作用的结果，因此高校要搭建起三者沟通的桥梁，引导家庭方面加强学生的生活劳动教育，社会通过提供实习工厂、实训车间、校外实践基地等实践场所，让学生在劳动中切实感受自身的价值，提升社会责任感。

此外，开设"劳动科学"等课程，从劳动起源、劳动本质、劳动社会保障、劳动安全、劳动法律等方面系统讲授与劳动有关的学理知识，既不失大学教育的高度和深度，又能将劳动理念以严谨的学理语言呈现给大学生。

3.构建多元师资力量

加强学生劳动教育不仅仅是学校方面的责任，家庭和社会也在其中扮演着重要角色，教师要发挥疏通、纽带的作用，打通学校、家庭、社会的经络，构建"学校—家庭—社会"立体育人网络，形成全民爱劳动、敬劳动、惜劳动的社会风气，实现全方位、多角度、多维度育人，提高全民劳动素质，提升全民综合素养。

第一，打造一支双师型的师资队伍。教师既是学生的学问之师，也是品行之师。高校教师除传道授业解惑外，还要具备对学生进行实践技能培养指导的能力。

第二，打造一支复合型的劳动教育师资队伍，鼓励教师将劳动教育与德育、智育、美育、体育等课程进行有机结合。

第三，打造一支社会型的劳动教育师资队伍，有针对性地培养社会人才。

4.整合劳动教育资源数据库

劳动教育的内容丰富，活动开展形式多样。在大数据时代，将各种教育资源进行归类整合，更有利于让各类资源"活起来"，顺应时代潮流，激发学生兴趣，提升劳动教育的吸引力。

第一，依托高校图书资料室，重视与劳动教育相关的图书资料以及设备的购置与管理，重视相关文献数据的质量。利用图书馆的现有资源库，将与劳动教育相关的理论资源囊括其中，能够及时满足研究人员的查阅和了解需求。

第二，加强劳动教育资源的数字化管理。建立局域内劳动教育数据资料库，将关于劳动教育的政策文件、关于劳动教育专题教育的网络在线课程、社会各界组织的劳动教育实践活动、社会劳模光荣事迹等纳入其中，以供研究者学习研究。

5.在大学生职业生涯规划中渗透劳动教育

大学时期是人生由学校迈向社会的转折期。在这一时期做好人生规划，尤其是职业生涯规划，对大学生的人生走向具有决定性的意义，同时也对大学生在职业生涯中获得充分自由发展具有持久影响。在规划职业生涯时，要想将职业理想与自己的特长、爱好相结合并非易事，需要对自己有全方位的透彻认识和客观中肯的评价，更需要对社会职业有深入的认识和理解。在新时代中国特色社会主义建设过程中，国家和社会对劳动者的劳动能力、劳动心理有相应的要求。

目前，大学生职业生涯规划受到广泛重视，高校专门开设了就业指导课程，对大学生进行专门的职业生涯规划辅导和训练。高校可以在职业生涯规划中渗透劳动教育，这样既可以增强职业生涯规划的实践性，又能为大学生劳动教育找到良好的输出端口。大学生劳动教育不仅要培养大学生的职业能力，更要培养他们的劳动价值观、劳动品格等，这些抽象的心理层面的教化能够提高大学生的职业认知水平和职业判断能力，有助于大学生做出更加理性成熟的职业生涯规划。高校是为社会发展培养高素质劳动人才的主阵地，结合就业指导工作对大学生进行劳动教育，也是推行素质教育的必然要求。

6.优化大学生劳动教育考评机制

随着新时代"五育并举"方针在高校的全面贯彻，大学生劳动教育应该被推向一个新的高度。高校要强化劳动课程考评，增加劳动实践在大学生评价体系中的比重，将劳动教育成果与评优、评奖体系对接，构建系统合理的德智体美劳综合评价标准，以便让大学生劳动教育从理论到实践全方位落到实处。

7.增加见习、实习与实训环节，增强劳动教育的实效性

高校的劳动教育设计与用人单位的劳动要求的匹配程度，直接关系到高校培养的大学生是否具备符合社会要求的劳动意识、劳动习惯、劳动技能，也直接影响着大学生劳动教育的实效性。见习、实习、实训是大学生接受知识、习得本领的重要的第二课堂，也是其接受劳动教育的现实场所。大学生将在校学习期间所习得的专业理论知识，在见习、实习、实训环节转化为具体的操作技能，是一个由知到行的升华过程，也是进一步加深对劳动教育的重要性认识的过程。经过实践的洗礼，将从生产实践中提炼的理论再运用到生产实践中，这一循环上升的认识逻辑，能够加强大学生对理论知识的理解，更能深化大学生对劳动价值的认知。大学生在见习、实习、实训中会接触并受教于除教育行业之外的其他行业的劳动者，通过见习、实习、实训过程中传帮带的劳动示范和亲身指导，将理论转化为实践，有利于在大学生心目中树立劳动教育的现实榜样。见习、实习、实训过程中贯彻渗透的劳动教育是大学生未来成就事业的宝贵财富，积淀的劳动理念和劳动能力是大学生投身社会、绽放光芒的重要能量。

二、新时代大学生劳动教育模式的构建路径

（一）基于实践育人的高校劳动教育模式构建

要构建基于实践育人的高校劳动教育模式，就要从课程、实训、活动、生活四个维度，将劳动教育内容融入高校实践育人全过程。

第一，构建三类课程体系。课堂是培养学生劳动意识、劳动习惯和劳动技能的重要阵地。劳动教育不能仅仅停留在劳动教育本身的课堂中，也应该贯穿于思政课程和专业课程中。高校劳动教育在课程开发和设置上，应该将专业课程教学、思政教育与劳动教育相互渗透和融合，并开发更为适用的教学模式和

考核方法，从劳动意识、劳动行为等多个方面着重培养学生的责任感和使命感。一方面，可以将劳动教育基础素质课程与思想政治教育课程充分融合，在思政课程中加入劳动光荣的元素，提升劳动教育与素养培育的质量；另一方面，可以将劳动教育课程与专业课程结合起来，让学生在专业课程中、在未来职业规划中，更加深刻地领悟劳动的真谛，更明白自己的奋斗方向，更加尊重劳动、崇尚劳动。

第二，劳动教育与校内外实习实训同频共振。劳动教育不应该局限在学校空间，而要不断向校外延伸，形成校内校外相互融合的劳动教育模式。实习实训是课堂教学的巩固和提升，是学生将理论应用于实践的必要途径，是培养学生吃苦耐劳、乐于奉献等优秀品德的重要基地。高校应结合自身专业特色，不断完善实习实训项目，为学生提供更多的劳动实践机会，加强校内外实习实训基地对学生劳动素养的培育作用。一方面，深化校企合作，提升人才培养质量，使学生在实习实训中树立热爱劳动、劳动光荣的意识；另一方面，引导学生在实际工作岗位的锻炼中，立足本职工作，提高劳动意识和劳动能力，增强个人责任感和使命感，深刻体悟劳动的价值与意义。

第三，搭建多元的实践活动平台。高校应该充分利用多元活动平台，以学生实际为出发点，增强学生的劳动意识。高校应依托企业行业背景和市场用人需求，结合本校的专业特色，通过整合各类校内外优质活动资源，强化劳动管理，丰富劳动内容，引导学生在多平台活动中强化劳动责任感，进而提高自己的技能。高校可与企业合作，以主题讲座和比赛等形式，引导学生崇尚劳动、尊重劳动。高校还可引导学生参与校内外各类公益性劳动，如志愿服务，使学生在公益劳动中提高思想认识和劳动素质，进而服务社会、报效国家。此外，举办学生社团活动亦是高校推进劳动教育的重要举措，高校应高度重视学生社团的建设和管理，支持和鼓励各社团积极参与校园大型展示活动，将社团活动同劳动教育相融合，进而丰富劳动教育的内涵和外延。

第四，将生活场景融入劳动教育。在学生的生活中渗透劳动教育，能够使劳动真正回归学生的生活，提升劳动教育的成效。高校可多组织相关的文明评比活动，通过文明宿舍的评比，更好地培养学生的劳动精神和行为习惯。

第五，注重文化建设，在校园和班级文化中渗透劳动教育。高校可通过对校园文化、班级文化以及相关专业课程的统筹文化建设，形成融合校园文化、班级文化、专业课文化的劳动专业课，同时让学生以主人公角色，真正参与到校园软环境和校园文化的设计中来，让学生能够和校园、班级建立深厚的情感联系。

（二）构建"一心四化"的劳动教育模式的路径

高校担负着培养热爱劳动、善于劳动、精于劳动的技术技能型人才的重任。因此，结合高校劳动教育培养实际，笔者认为可以构建"一心四化"的劳动教育模式，即以学生的全面发展为核心，打造劳动课程系统化、劳动实践平台一体化、劳动教育形式多样化、劳动教育全程化的劳动教育新模式，将劳动教育渗透到学生培养过程中，促进学生的全面发展。

1.以学生的全面发展为核心，提高学生的劳动素养

高校要以学生的全面发展为核心，协调五育关系，强化劳动素养的培育，实现劳动育人的新价值。劳动可以促进人的全面发展，也是实现人的全面发展的主要途径。劳动教育要引导学生树立正确的劳动观，理性认知劳动，同时也要使学生具备劳动能力，让学生会劳动、善劳动，切实提高学生的劳动素养。在劳动认知的培养中，高校应开展体验教育，使学生在体验中认识劳动、感悟劳动，从而尊重劳动和热爱劳动。在劳动技能的培养中，高校可以从家务劳动、社会公益活动、集体劳动等简单的劳动体验入手，也可以从专业领域实践入手，全方位提高学生的劳动技能，提升学生的劳动素养。高校要通过劳动教育，彻底打通劳心和劳体之间的渠道，将立德、增智、强体、育美有机结合，实现学生的全面发展。

2.打造系统化的劳动教育课程，强化劳动观的培养

课程是劳动教育实施的重要途径。要探索符合高校实际的劳动教育课程体系，就要开设"劳动经济学""劳动美学"等劳动课程，丰富学生的劳动知识，

提高其劳动理论素养,增强其劳动价值认同;要将劳动教育与专业课程相融合,将专业劳动知识与技能、劳动纪律、劳动法等内容融合到专业教育当中,提升学生对劳动的认知;要让学生理解劳动不分等级、没有贵贱,只要是付出辛勤劳动,就值得尊重、值得弘扬;要通过开放式劳动课程,如网络课程、教育报告、讲座、论坛,引导学生认识劳动、感悟劳动,丰富劳动的价值教育;要强化劳动教育宣传,通过多渠道的劳动通识教育,引导大学生自觉劳动、辛勤劳动、诚实劳动、科学劳动和创造性劳动,树立正确的劳动观。

3.采用多样化的劳动教育形式,增强劳动教育的时效性

劳动教育不仅要内容多样,更要有丰富的形式。高校要注重劳动教育四结合,即劳动教育与生活结合、劳动教育与专业教育结合、劳动教育与第二课堂结合、劳动教育与时代发展结合,切实提高劳动教育的时效性。首先,劳动教育要与生活结合。通过劳动,学生可以掌握熟练日常的洗衣做饭、制作手工、运用工具等生活技能,同时享受劳动带来的成果,培养热爱劳动的品质。其次,劳动教育要与专业教育结合。高校应结合学生的专业实际,开展行之有效的劳动实践,如专业实验、实习实践,让学生学习专业的同时,感受专业劳动带来的成功与喜悦,体验劳动的艰辛,体会劳动的快乐。再次,利用第二课堂,丰富劳动体验。高校应组织学生参加社会劳动实践、社工服务等活动,使其体验劳动历程,丰富劳动体验;运用新技术手段,开展科技性、创新性劳动,引导学生自觉自为地把劳动和成长结合起来。最后,劳动教育要充分体现时代特征,适应科技发展和产业变革,针对劳动新形态,培养学生的科学精神,提高学生的创造性劳动能力。

4.搭建一体化的劳动教育实践平台,丰富劳动教育的途径

多渠道、全方位打造劳动教育实践平台,主要内容如下:一是打造产教融合的实习实训平台。要丰富校内融合、校企联合、校社结合的实践资源,通过创建、联建或共享劳动实践基地,为学生提供劳动锻炼的机会。二是依托社会,打造公益劳动平台。通过志愿服务等方式,为学生提供劳动锻炼的机会。三是依托第二课堂,打造校园文化劳动平台。组织学生参与校园文化活动,增强学生的劳动责任感，丰富学生的劳动实践体验。总之，高校应通过多种劳动实践教育平台，增加学生的劳动体验，使其加深对劳动价值的理解，提升劳动能力，促进良好的劳动习惯的养成。

5.建立一贯制的劳动培养体系，促进劳动教育的全程化

高校应构建一贯制的劳动培养体系，促进劳动教育的全程化，让劳动教育植根于课程与实践当中，锻造学生的劳动品格。具体如下：①大一重劳动体验。高校应通过劳动课程，引导学生热爱劳动，感受劳动带来的欣喜和收获，激发学生的劳动热情。②大二重劳动实践。高校可结合专业学习，利用实验室、实训室等地方，开展专业劳动，培养学生吃苦耐劳的劳动品质。③大三重劳动技能的培养。高校可通过顶岗实习、企业实训、产教基地实践等形式，让学生在劳动岗位熟练技能，掌握技术，锤炼劳动品格，培养匠人精神。④大四重劳动习惯养成。四年的劳动实践，能够促进学生养成良好的劳动习惯和提高劳动能力。高校可通过建立一贯制的劳动培养体系，很好地将专业教育、实践教育、劳动教育有机结合，促进学生的劳动精神、劳动能力的培养，为学生的全面发展提供有效的载体。

总而言之，人的全面发展离不开劳动教育的深化，更离不开德智体美劳的协调发展。高校要引导学生培养劳动兴趣，还要引导学生强化劳动实践，德技并修，掌握精湛的职业技能。只有将劳动教育植根于教育体系当中，才能为祖国培养出更多高素质的技能型人才，才能实现人的全面发展。

三、新时代大学生劳动教育评价指标体系的构建路径

劳动教育的地位进一步得到提升，获得了和德育、智育、体育、美育同等的地位，成为人才培养体系中的重要组成部分。高校一方面是落实劳动教育的重要场所，另一方面也是培养劳动教育师资队伍的重要基地，其劳动教育工作落实情况关系到整个国家的人才培养质量。党的十八大以后，中国特色社会主

义进入新时代，高校开展劳动教育面临着很多新任务、新挑战，既取得了一定成绩，也存在一些问题，主要表现在目标不明晰、内容不具体、方式不灵活、机制不顺畅等方面，其原因就在于缺乏一套科学的评价指标体系。

（一）大学生劳动教育评价指标体系构建的理论依据

中国特色社会主义进入新时代，劳动教育的理论研究取得了重要的进展。具体而言，在劳动教育的范围和形式、劳动教育的内涵、劳动素养的构成要素等方面的研究都有了一系列成果。

第一，新时代劳动教育的范围发生了变化。过去的劳动教育可能主要侧重传统的手工劳动技能，如木工、焊接或机械维修；然而现在的劳动教育范围已经扩展到了更多领域，包括数字技术、人工智能、生物技术等高科技领域。这意味着劳动者需要不断学习新的技能，以适应快速变化的工作环境。

第二，新时代劳动教育的形式发生了变化。这一变化反映了社会、技术和经济的快速演变，以及劳动力市场的不断发展。一方面，劳动教育形式的复杂性显著增加。以前，劳动教育可能主要是在学校或工作场所进行的简单培训。然而，现在的劳动教育形式更加复杂，涉及职业规划、领导技能、团队协作等方面的培训。劳动者不仅需要掌握具体的技术，还需要具备更广泛的职业素养。另一方面，隐性的劳动教育形式也在增加。这包括非正式的学习和知识分享，如通过社交媒体、在线社区或同事之间的交流。这些隐性的学习方式使劳动者可以在工作过程中不断积累知识和经验，有助于劳动者不断提高自己的职业素养。

第三，新时代劳动教育的内涵发生了变化。一方面，劳动教育培养学生的劳动知识和技能，并服务于社会生产和发展，具有一定的智育性质，这种外向性目标指向的是生产劳动本身；另一方面，劳动教育是以劳动为手段开展的，其内向性目标指向人精神层面的提升和完善。北京师范大学教授班建武认为劳动教育不单是简单的体力锻炼，更是一种正确劳动价值观的积极引导。因此，新时代劳动教育应当包括劳动知识技能的教育、劳动实践活动的实施、劳动价值观的培育三个方面。

第四，新时代劳动素养的构成要素发生了变化。新时代，由于人们对劳动本身有了新的理解，进而引发劳动教育的目标、功能等都发生了变化，劳动素养的构成要素也必然发生了变化。劳动素养包括劳动观念、劳动能力、劳动习惯和品质以及劳动精神。

（二）大学生劳动教育评价指标体系构建的原则

1.全面性原则

大学生劳动教育是一项综合系统性工作，对其评价应力求做到全面。学生劳动素养提升状况、教师劳动教育教学条件与能力状况、学校其他劳动教育状况都应整体纳入评价内容。

2.目标性原则

新时代大学生劳动教育评价应以预定的培养目标为基准，服务于人才成长的内在需要和外在社会发展需求，同时在实施过程中要通过细化、量化方式进一步分类设置具体详细的目标。评价指标的目标越明确对于引导学校开展劳动教育的指引性就越强，同时，在评价上操作性也会更强。

3.科学性原则

劳动教育的评价是一个复杂立体的过程，其中许多评价内容的内隐性强，评价难度大，这就对评价指标体系的科学性提出了要求，应真正把握劳动教育的科学内涵，运用科学的思维和方法指导评价指标体系的构建。同时，大学生劳动教育评价指标体系的构建需要遵循教育教学一般规律和学生成长的内在规律，需按照科学规划、实施、评价、修订、动态调整的思路扎实推进。

（三）大学生劳动教育评价体系的指标分析

根据新时代劳动教育的理论研究成果和政策依据，新时代大学生劳动教育评价指标体系有学生劳动素养、教师劳动教育教学条件与能力、学校其他劳动教育状况 3 个一级指标，并设 12 个二级指标和 30 个观测点。下面主要对学生劳动素养、教师劳动教育教学条件与能力进行分析。

1.学生劳动素养

学生劳动素养提升是劳动教育的根本目标，在评价指标体系中占核心位置。对于高校而言，师范生劳动素养关系到整个国家劳动教育的延续性和持续性。对学生劳动素养的评价包括劳动观念、劳动能力、劳动习惯和品质以及劳动精神 4 个二级指标。

（1）劳动观念

劳动观念是指在劳动实践中逐渐形成的，对劳动、劳动者、劳动成果等方面的认知和总体看法，以及在此基础上形成的基本态度和情感。主要表现为：学生能尊重劳动，尊重普通劳动者，了解不同职业劳动者的辛苦与快乐，理解"三百六十行，行行出状元"的道理；能正确理解劳动对于个人生活、家庭幸福、社会进步、国家富强和人类发展的意义，懂得劳动创造人、劳动创造财富、劳动创造美好生活的道理；能崇尚劳动，牢固树立劳动最光荣、劳动最崇高、劳动最伟大、劳动最美丽的观念。

（2）劳动能力

劳动能力是指顺利完成与个体年龄及生理特点相适宜的劳动任务所需的胜任力，是个体的劳动知识、技能、行为方式等在劳动实践中的综合表现。主要表现为：学生具备基本的劳动知识和技能，能正确使用常用的劳动工具；能在劳动实践中增强体力，提高智力和创造力，具备完成一定劳动任务所需要的设计能力、操作能力及团队合作能力。

（3）劳动习惯和品质

劳动习惯和品质是指通过经常性劳动实践形成的稳定行为倾向和品格特征。主要表现为：学生具有安全劳动、规范劳动、有始有终等习惯，养成自觉自愿、认真负责、诚实守信、吃苦耐劳、团结合作、珍惜劳动成果等品质。

（4）劳动精神

劳动精神是指在劳动观念、劳动能力、劳动习惯和品质的培养过程中形成和发展的，在劳动实践中秉持的关于劳动的信念信仰和人格特质。主要表现为：学生能领会"劳动是一切幸福的源泉""幸福是奋斗出来的"的内涵与意义；继承中华民族勤俭节约、敬业奉献的优良传统；弘扬开拓创新、砥砺奋进的时代精神；感知爱岗敬业、甘于奉献的劳模精神；培育百折不挠、艰苦奋斗的革命精神，以及精益求精、追求卓越的工匠精神。

2.教师劳动教育教学条件与能力

教师在劳动教育过程中发挥着主导作用，是劳动教育教学活动的直接组织者。教师自身的劳动素养、劳动教育意识、劳动教育教学能力都直接影响劳动教育工作的效果。

（1）教师的劳动素养

"要给学生一杯水，教师要有一桶水。"教师劳动素养的高低直接影响学生劳动素养提升的效果。对教师劳动素养的评价也包括劳动观念、劳动能力、劳动习惯和品质以及劳动精神4个二级指标。

（2）教师的劳动教育意识

教师的劳动教育意识主要包括三个方面：一是教师对于劳动素养在学生整个核心素养中的位置的认识；二是教师对于通过劳动教育培养学生思想品德的认识；三是教师对有关劳动教育的最新政策的认识和掌握情况。

（3）教师的劳动教育教学能力

教师的劳动教育教学能力可分为劳动教育教学设计能力、劳动教育教学组织能力和劳动教育教学评价能力等。劳动教育教学设计能力既体现在将劳动精神培育和劳动知识技能传授贯穿在日常课堂的教学中，也体现在专门的劳动教育教学中，包括理论方向和实践方向。劳动教育教学组织能力体现了劳动教育的艺术性，教师不仅能教会学生劳动，还能在教育教学中使学生热爱劳动。劳动教育教学评价能力是指教师能洞察、鉴别学生在劳动观念、劳动能力、劳动习惯和品质等方面的个性化差异，并能根据差异精准施策、因材施教。

四、新时代大学生劳动教育融入校园文化建设的路径

校园文化是高校文化软实力的展现形式，也是立德树人的重要载体和依托。劳动教育更好地融入高校校园文化建设，充分发挥劳动的育人功能，对实现高校人才培养目标具有重要的现实意义。

（一）劳动教育融入高校校园文化建设理论依据

第一，劳动创造了人本身。劳动是人类特有的基本社会实践活动。劳动把自然界提供的材料变为财富，它是整个人类生活的第一个基本条件。劳动创造了人本身，可以从以下两个层面理解：一方面，劳动创造了人的自然属性。由于生长相关律，人体某一器官的发展进化会促进其他身体器官的发展进化。在类人猿进化为人的过程中，劳动促进腿部和手部器官的进化，进而促进了类人猿听觉、视觉、触觉特别是大脑的发展，使其最后进化为人的身体构造，创造了人的自然属性。另一方面，劳动创造了人的社会属性。劳动的发展促使人与人之间的联系增多，特别是面对恶劣的生存环境，集体劳作显得愈加重要和有效。为了更好地劳动和交流，出现了语言，语言是完全的人的重要标志。随着交往和联系的增多，家庭关系、宗族关系、社会关系逐渐构成庞大的人际网格，人不同于动物的特性显现出来。社会性是人的本质属性，是人和动物的本质区别。总而言之，劳动创造了人本身，劳动是人需求满足的前提，人的物质需求和社会需求在劳动过程中得到满足。

第二，劳动是实现人的价值的必由之路。人通过劳动获取生存、生活必需的物质资料，通过劳动提高自身能力以获取更丰厚的福利待遇，同时也通过劳动实现自身知识、技能、劳力等无形资源向精神资产的转换，在劳动中实现对社会的贡献。

总之，劳动是实现人的自我价值和社会价值的必要途径。作为高素质技能型人才，新时代的大学生将会是实现中华民族伟大复兴的中坚力量，应将个人

的人生梦、职业梦和中国梦结合在一起，积极投身到社会实践中去，从而实现自身的社会价值。在这一过程中，劳动是必经之路，劳动在个人和社会之间起着纽带作用。

（二）劳动教育融入高校校园文化建设的原则

劳动教育融入高校校园文化建设，必须结合新时代的历史背景、劳动教育的时代内容以及文化育人的规律，把握政治方向，尊重发展规律，在丰富多样的具体方法之下遵循共同的原则。

1.坚持"以生为本"的原则

所谓"以生为本"就是以学生为根本，将学生的健康成长作为劳动教育融入高校校园文化建设的出发点和归宿。坚持"以生为本"原则就需要劳动教育融入校园文化建设时，必须尊重学生个体的成长发展规律，尊重教育教学规律，尊重校园文化建设规律，以立德树人为目标，尊重学生的个性，服务学生成长，发挥学生自身的主观能动性，使其从"要我劳动"转变为"我要劳动"，从而促进学生的全面发展。

2.坚持"协同融合"的原则

所谓"协同融合"原则，就是使劳动教育中各要素、各系统有效配合，将多种力量集聚成一个总力量，形成互相配合、协调统一的局面，从而达到最佳育人效果。劳动教育的"协同融合"包括以下几个方面：一是劳育与德育、智育、体育、美育之间协同融合，五育并举以促进学生德智体美劳全面发展；二是劳动教育与教学育人、管理育人、服务育人之间协同融合，将劳动教育融入各教育环节，全面渗透；三是校园文化与劳动课程教学、劳动评价体系协同融合，校园文化的四个维度之间协同融合，高校内部各个行政部门之间相互协同融合。

3.坚持"差异化"的原则

"差异化"原则是指劳动教育在融入校园文化建设时要选择符合自身实

际的融入路径。要使新时代劳动教育融入校园文化建设，高校就要利用当地特有资源，注重结合学科、专业以及学院发展历史，充分挖掘凝练劳动精神，积极开展特色校园文化建设，开发劳动教育融入校园文化建设的新内容和新路径。

（三）校园文化建设对高校劳动教育的意义

高校校园文化是指师生员工共同认可、坚守、传承的价值观念，是时代精神在高校的客观反映，是社会主义办学原则和指导方针在高校的集中呈现。充分发挥高校校园文化的引导、规范、激励、教育、凝聚功能，对加强劳动教育、培养德智体美劳全面发展的社会主义建设者和接班人具有重要意义。

1.校园文化建设有利于高校整合劳动教育资源

校园文化作为一种社会现象，具有复合性的特点，蕴含着学校的历史传统、领导风格、教师教风、学生学风、校园环境、制度规范等丰富内容。校园文化建设的多元化载体和多样化形式，为劳动教育的有效开展提供了广阔的平台，拓宽了劳动教育的实践形式，形成了多部门、多载体、多形式共同培育大学生劳动价值观的合力，便于对劳动教育资源进行整合。而劳动教育的深入开展，又会为校园文化建设注入劳模精神、劳动精神、工匠精神等鲜活元素，进一步丰富校园文化建设的内涵和层次，为校园文化建设提供有力抓手。二者相辅相成，共同服务于人才培养目标的实现。

2.校园文化建设有利于高校营造崇尚劳动的浓厚氛围

在漫长的历史进程中，中国人民通过不懈的辛勤劳动创造了辉煌的中华文明，形成了具有深远影响和丰富内涵的劳动思想。神话故事如精卫填海、夸父追日、后羿射日、愚公移山、女娲补天、大禹治水等，都反映了古代人们对劳动的赞美以及对逆境的不屈抗争精神。明末清初的思想家颜元就高度重视劳动教育，他提出了"养身莫善于习动，夙兴夜寐，振起精神，寻事去作，行之有常，并不困疲，日益精壮"的理念。这些例子表明，中华民族自古以来一直秉持尊重、崇尚和礼赞劳动的传统，视辛勤劳动、诚实劳动和创造性劳动为文明繁荣的基石。而校园文化建设有利于高校营造崇尚劳动的浓厚氛围，因此高校应该通过校园文化建设，继承和弘扬这一传统，以激发学生的劳动精神和创造力，推动社会进步。

3.校园文化建设有利于高校劳动精神的凝练传承

文化具有传承性的特点。文化一经形成就会被他人模仿、借鉴，产生一定的扩散效应，包括在代与代之间进行纵向传递和在地域之间、民族之间进行横向传递。

从纵向来看，借助校园文化建设这一载体而实现的劳动教育，能够在高校内形成崇尚劳动的浓厚氛围。这样的校园氛围一旦形成，身处其中的学生即使不去参加专门的劳动实践，也会在无形中受到熏陶和感染。

从横向来看，随着高等教育进入普及化时代，高校逐步从社会的边缘迈向社会的中心，已经不再是独立于社会之外的"象牙塔"。而大学生普遍具备较高的文化素质和科学素养，是当代青年群体中的佼佼者，对他们进行系统的劳动教育，引导其树立正确的劳动价值观，就相当于在全社会播下一粒希望的"种子"，进而孕育出全民热爱劳动、崇尚劳动、尊重劳动者的"硕果"。

（四）劳动教育融入高校校园文化建设的路径

1.劳动教育全面深入地融入校园文化的四个维度

物质文化、精神文化、行为文化、制度文化构成了校园文化的四个维度。物质文化和行为文化是有形文化，是外壳；制度文化和精神文化是无形文化，是内核。劳动教育需要全面深入地融入校园文化的四个维度，从而达到最佳育人效果。

（1）推动劳动教育融入校园物质文化建设

物质文化是存在于校园环境当中，能够为全体师生直接感知和触及的客观实物。人和环境是相互影响的，人可以影响和创造环境，同样环境也以一种渗透的方式无形地影响着人。推动劳动教育融入高校校园物质文化建设，无疑离不开物质环境。自然环境、建筑风格、教学设施、实验设备，这些都是校园物质文化的呈现形态，高校应将劳动教育的内容融入学校景观设计、环境布局等，体现劳动精神、劳模精神和职业精神。例如：高校可以在宿舍生活区张贴热爱劳动、尊重劳动成果的宣传标语，提高学生的自立自强能力，使其自觉做好宿舍卫生保洁和尊重别人的劳动成果；在教学区域注重体现劳模精神、职业精神的环境布局，引导学生形成良好的职业素养；利用校园的宣传栏、展板、显示屏对劳动精神进行宣传，营造浓厚的劳动教育氛围，引导学生形成正确的劳动观；打造劳动教育文化墙，在文化广场、运动场等人员较为集中的地区，集中展示劳动理念、劳动模范、劳模事迹等内容，增强师生员工的思想认同感。

（2）推动劳动教育融入校园精神文化建设

精神文化是全体师生共同认可的，通过他们的行为体现出来的特有文化品质，是校园文化的核心，包含学风、教风等。

推动劳动教育融入校园精神文化建设，一方面，高校可充分挖掘办学历史中涌现出的优秀毕业校友和劳动精神，形成具有自身特色的劳动教育内容和理念，并通过校歌、校训加以体现；另一方面，高校要注意形成良好的教风和学风等，在教师中树立起严谨求实、淡泊名利的教风，在职工中树立起艰苦奋斗、相互协作的作风，在学生中树立起勤学苦练、扎实求学的学风，通过全体教职工的敬业奉献，发挥示范引领作用，引导和促进学生形成诚实守信、踏实肯干、艰苦奋斗的精神。

（3）推动劳动教育融入校园行为文化建设

行为文化主要包括校园成员的生活、学习和思维方式，以及各种学术、文化、娱乐活动，是学校日常教学和生活中体现出的最直接的文化形态。高校校园行为文化建设要将劳动教育融入学生日常生活劳动、校内外公益服务性劳动和实习实训中去，精心设计主题明确、内容丰富、形式多样的学生课外活动方案，使劳动教育具体化、形象化。

高校可借助重要的劳动节日契机,开展主题鲜明的劳动教育活动;举办"劳动人民的双手""劳动人民的笑容"等大型活动,让学生感受劳动成果的来之不易,懂得尊重劳动成果和劳动人民;开展"今天我成了您"岗位体验活动,鼓励学生做一天的宿舍管理员、教室清洁工、餐厅帮厨、志愿服务者等,通过岗位体验劳动;开展"走近劳模"活动,通过加强宣传、邀请讲座、视频学习、外出参观、交流心得等形式,营造一个走近劳模、学习劳模的氛围,让学生更好地理解劳模精神;开展"技能大比武",结合专业,开展丰富多彩的技能比武活动,与专业技能相结合,使学生在劳动中提高专业技能,在比武中追求卓越。

(4)推动劳动教育融入校园制度文化建设

校园制度文化是学校在法令、行政、道德层面上建立起来的,与学校的价值观念、管理理念相适应的各种道德规范、行为规范、工作守则等,是维持学校正常教学、生活秩序的保证。校园制度文化以其强有力的制度性保障劳动教育的顺利开展。高校校园制度文化包含高校的教学制度、学生管理评价制度等。推动劳动教育融入校园制度文化建设可从以下两个方面展开:

第一,在教学层面,将劳动教育纳入人才培养方案。课程设置和实习实训均需要反映劳动教育的内容,并将劳动育人的开展与实施成效纳入学院绩效考核制度,形成人才培养方案、教学实施与督导、教学质量评价与绩效考核之间的闭环式良性互动。

第二,在学生管理评价层面,需要把学生的劳动素养纳入综合素质考评中,制定完善的评价标准,建立健全激励机制,全面客观地记录学生的生产性劳动、服务性劳动、实习实训劳动等。将过程评价和结果评价相结合,既考查学生的基本劳动素养,又考查学生的创新创业能力;将基本劳动和创造性劳动相结合,开展劳动教育的纪实评价,形成制度规范。值得一提的是,劳动教育融入校园制度文化建设,无论是融入教学制度,还是学生管理评价制度,都不是简单制定一项规定,而是要将纸上的规章制度切实落实到全体师生的行为取向上,进而融入全体师生的价值理念中,形成全体师生共同的价值理念。

2.劳动教育与校园文化有机融合

校园文化像和煦的春风，飘散在校园的各个角落，渗透在师生员工的价值理念和言谈举止之中，体现在他们的教学、研究、学习、做人、做事的态度和情感之中。将劳动教育与校园文化相结合，将劳动观、劳动精神融入师生员工的学习、工作和生活中，是高校加强劳动教育、构筑德智体美劳全方位育人格局的可行路径。

（1）让高校精神载体成为劳动教育的思想引领

高校精神载体主要包括校史、校训、校歌等。在开展劳动教育的过程中，高校可着重挖掘校史中关于开拓创新、奋力拼搏、迎难而上、自强不息的典型人物和故事，并用图片、话剧、视频等手段还原历史，让师生员工深刻领会劳动创造历史、劳动开创未来的道理。

（2）让高校教职员工成为劳动教育的先锋示范

高校教职员工不仅要"传道、授业、解惑"，还要切实做到"行为世范"，通过言传身教，引导学生树立正确的价值理念。高校要在加强师德师风建设上下功夫，将劳模精神、劳动精神、工匠精神纳入师德师风的内涵体系，将师德师风建设与思想政治工作、教学科研工作同研究、同部署、同落实；在深化新时代教育体制改革、建立科学的教育评价体系上下功夫，用劳动教育的内涵丰富高等教育理念，着力建设一支为人师表、治学严谨、认真负责、耐心细致、开拓进取的高水平教师队伍；在宣传引导上下功夫，重视模范教师的选树工作，广泛宣传优秀教师崇尚劳动、勤于劳动、以身作则的先进事迹，以教师高尚的人格魅力和模范的言行举止为学生树立标杆。

（3）让高校身边榜样成为劳动教育的时尚表率

任何时候，高校内都不缺乏向上向善的感人故事，总有自力更生的励志传奇，还有艰苦奋斗的勤奋典范。这些榜样就在大学生身边。为此，高校应成立身边榜样事迹采编队伍，开展身边榜样选树活动，挖掘普通学生中勤奋刻苦、诚实守信、乐于助人、勇于创新的点滴，选树学生党员中信念坚定、攻坚克难、默默奉献、奋力拼搏的典型，整理各届校友中自强不息、勤于钻研、苦干实干、创新创业的感人故事，并以他们的成长经历引导在校大学生正确认识劳动，积极参与劳动。

（4）充分发挥大国工匠和劳动模范的引领示范效应

大国工匠和劳动模范来自国家各行各业，分布在祖国各个角落。高校应充分发挥大国工匠和劳动模范的引领示范效应，将大国工匠和劳动模范请进校园，让他们从电视屏幕上、图书画册上、橱窗展板上走下来，走进教室、走上讲台、走到大学生中间，让大学生切身感受劳模精神、劳动精神和工匠精神，引导其立足刻苦学习、立志劳动创造，切实全面提升自身综合素质，培育深厚的劳动情怀。

（5）让高校新媒体平台成为劳动教育的重要阵地

高校要在灵活运用橱窗、海报、报纸等媒介的基础上，主动抢占新媒体阵地，推出更多轻量化、可视性高、互动性强的新媒体宣传作品；掌握网络传播的规律，依据"网络原住民"的媒体接触特点，用平视的角度、平和的心态、平等的互动实现劳动教育的"线上传播"；打造"身边劳模""我身边的最美劳动者""青年劳动之声"等形象生动的多媒体产品，提升劳动教育的吸引力；开设"人物志""榜样的力量"等栏目，将校园人物的典型事迹用图文、视频、快问快答等方式呈现，增强劳动教育的感染力；通过微直播、微图说、微寄语等板块，鼓励师生参与讨论劳动教育话题，分享劳动教育感悟，提出劳动教育建议，增强劳动教育的互动性；开设网络访谈节目，邀请劳动模范、大国工匠、师德标兵等先进人物，讲述成长故事，分享劳动理念，探讨劳动精神；通过多元化的方式，增强劳动教育的时代感、吸引力、感染力和渗透力，切实让劳动教育"活起来""实起来""酷起来""火起来"。

第二篇　新时代大学生的职业发展

第四章 新时代大学生
职业生涯发展

第一节 职业生涯概述

一、职业生涯的认知

职业生涯，又称职业发展，是指一个人遵循一定的道路（或途径）去实现所选定的职业目标。它不因一个人在某一组织中谋得一职而始，离开该组织而终，它是一个人一生中所占据的一连串不同职位而构成的一个连续的终身的过程。

职业是一个人从首次参加工作开始的、依次从事的所有工作活动与经历，按年度顺序组成的全过程。个人对其职业发展有一定的控制力，可以利用所遇到的机会，从自己的职业生涯中最大限度地获得成功与满足。个人对其职业发展道路进行规划，是因为职业生涯发展的成败，密切关系到个人的自我认知评价、尊严和满意感。

职业规划是指个人结合自身情况、眼前的机遇和制约因素，为自己确立职业方向、职业目标，选择职业道路，确定教育计划、发展计划，为实现职业生涯目标而确定行动时间和行动方案。职业规划的起点是自我了解，而科学的职业测评往往是系统、准确地进行自我了解的有效工具。

关于职业生涯的传统观点有两种：一是将职业生涯理解为一种职业或者一

个组织的有结构的属性。例如，在软件开发这个职位中可以认为职业生涯是典型的从业者所具有的一系列职位：程序员、软件工程师、系统分析师、项目经理直到最终退休。职业生涯也可以被认为是在一个组织中升迁的路径，如销售代表、产品经理、区域市场经理、地区市场经理、市场副总经理。二是将职业生涯看成一种个人的而不是一个职位或一个组织的特性。即使是持这种观点的人，对职业生涯的定义也不尽相同。

第一种定义是"提升的职业生涯观"。"提升的职业生涯观"主张只有当一个人展现出在地位、金钱等方面有稳定或者快速的提高时，才构成其职业生涯。这个定义表明如果人们没有经历提升或取得其他实质性的成就，就不能算是真正具有职业生涯。

第二种定义是"专业的职业生涯观"。"专业的职业生涯观"强调职业生涯必须具有专业化的特点，必须获得一个确定的职业或是达到某种社会地位才能构成一个人的职业生涯。例如，医生和律师、系统分析师和互联网专家就被认为是具有职业生涯，而文员和机械工就没有。

第三种定义是"稳定的职业生涯观"。"稳定的职业生涯观"强调在某一职业领域或紧密相关的领域从事一种稳定的职业才算得上是职业生涯。在这种情景下，我们经常听到职业士兵或职业警官的说法。若人们从事一系列具有内在联系的工作，如教师、指导顾问、家教，则被认为代表一种职业生涯；而从事明显不相关的工作，如小说家、政治家、广告编写人员等，违反了工作内容的完美一致性，则不能构成一种职业生涯。

第四种定义是"内外职业生涯观"。"内外职业生涯观"主张将职业生涯分为内职业生涯和外职业生涯。内职业生涯是指在职业生涯发展中通过提升自身素质与职业技能而获取的个人综合能力、社会地位及荣誉的总和，它是别人无法替代和窃取的人生财富。外职业生涯是指在职业生涯过程中所经历的职业角色（职位）及获取的物质财富的总和，它是依赖于内职业生涯的发展而增长的。

以上四种定义对职业生涯的内涵都做了很严格的限制，都强调职业生涯是一个稳定、长期、可预测的和组织驱动的纵向移动系列。但这些定义缺乏弹性，只注意到了职业生涯的客观性特点和稳定性，忽略了其主观性和变动性，使大部分人的工作经历和对职业生涯的主观感受被排除在职业生涯研究领域之外，从而也限制了职业生涯这一概念的概括力和解释力。

与上述观点不同，杰弗里·格林豪斯（Jeffrey Greenhaus）认为职业生涯是贯穿个人整个生命周期的、与工作相关的经历的组合，强调职业生涯的定义既包含客观部分（如工作职位、工作职责、工作活动以及与工作相关的决策），也包括对工作相关事件的主观知觉（如个人的态度、需要、价值观和期望等）。个人的职业生涯通常包括一系列客观事件的变化以及主观知觉的变化。个人可以通过改变客观的环境，如转换工作，或改变对工作的主观评价，如调整期望，来管理自己的职业生涯。与工作相关的个人活动及其对这些活动所做出的主观反应都是其职业生涯的组成部分，把两者结合起来才能充分理解一个人的职业生涯。格林豪斯还强调了个人、组织和环境对个人的工作生命周期的影响和重要性。

个人在职业生涯过程中所做出的关于工作和职业方面的选择，取决于个人以及组织内部的力量，当然其他外部力量（如社会、家庭和教育体系等）也起了很重要的作用。一方面，个人受其技能、知识、能力、态度、价值观、个性和生活环境等的影响而做出特定的工作选择；另一方面，组织为个人提供工作及相关信息，以及个人可以在将来谋求其他工作的机会和条件，也影响着个人的职业选择和职业生涯的发展。

职业生涯是一种复杂的现象，由行为和态度两方面组成，要充分了解一个人的职业生涯必须从主观和客观两个方面进行考察。表示个人职业生涯的主观内在特征是价值观念、态度、需要、动机、气质、能力、性格等，表示个人职业生涯的客观外在特征是职业活动中的各种工作行为。个人的职业生涯受多方面的影响，如本人对自己职业生涯的设想与计划、家庭中父母的意见与配偶的理解与支持、企业的需要与人事计划、社会环境的变化等都会对职业生涯有所影响。

二、职业生涯的管理

企业人力资源管理与开发部门为了解员工个人的特点，了解员工成长和发展的方向及兴趣，增强他们的满意度，并使他们能与企业组织的发展和需要统一协调起来，制订有关员工个人成长、发展的计划与组织需求和发展相结合的计划，称为员工职业生涯管理。

职业生涯管理是现代人力资源管理的重要内容之一，是制定职业生涯规划和帮助职业生涯发展的一系列活动。职业生涯规划既要体现员工发展的需要，又要体现企业发展的需要。职业生涯规划的意义在于寻找适合自身发展需要的职业，实现个体与职业的匹配，体现个体价值的最大化。职业生涯管理应看作竭力满足管理者、员工、企业三者需要的一个动态过程。在现代企业中，个人最终要对自己的职业发展计划负责，这需要每个人都清楚地了解自己所掌握的知识、技能、能力、兴趣、价值观等。在进行个人目标结果反馈时，对自己感兴趣的工作、职业发展机会、目标企业可提供给自身的发展目标、政策、发展计划等进行分析，将个人目标与组织目标有机结合起来，职业生涯管理才会有意义。因此，大学生的职业生涯管理就是从企业要求出发的职业生涯规划和职业生涯发展的管理。

职业生涯管理主要包括两种：一是组织职业生涯管理，是指由组织实施的、旨在开发员工的潜力、留住员工、使员工能自我实现的一系列管理方法；二是自我职业生涯管理，是指社会行动者在职业生命周期（从学生进入劳动力市场到退出劳动力市场）的全过程，由职业发展计划、职业策略、职业进入、职业变动和职业位置的一系列变量构成的自我管理。

组织职业生涯管理具有以下三个方面的特征：

第一，组织职业生涯管理是一种由组织制定的职业发展和支持计划，不同于个人自行制定的职业规划。职业规划侧重个体价值的实现和提升，而这一价值的增长不仅仅局限于特定组织内部。组织职业生涯管理则更加关注从组织的角度出发，将员工视为可持续开发和增值的资源，而非固定不变的资产。它鼓励员工通过追求自身职业目标来促进组织的不断发展。这种管理方式具有一定的引导性和功利性，帮助个体明确定位自己的职业道路，克服工作中的挫折和难题，同时鼓励个体将个人职业目标与组织的发展目标相结合，以充分利用企业提供的机会。由于组织职业生涯管理是由组织发起并通常由人力资源部门负责执行的，因此具有较高的专业性和系统性。相比之下，个人职业规划通常较不正式。只有在经过科学的组织职业生涯管理之后，才能形成规范、系统的个人职业规划。

第二，组织职业生涯管理必须满足个人和组织的双重需要。与企业内部一般的奖惩制度不同，组织职业生涯管理着眼于帮助员工实现职业规划，即力求满足职工的职业发展需要。因此，要实行有效的组织职业生涯管理，就必须了解员工在实现职业目标过程中会在哪些方面碰到问题，如何解决这些问题，员工的职业生涯是否可以分为有明显特征的若干阶段，了解每个阶段的典型矛盾和困难并加以解决和克服。企业在掌握这些知识之后，才可能制定相应的措施帮助员工找到内部增值的需要。一方面，全体员工的职业技能的提高带动企业整体人力资源水平的提升；另一方面，企业的组织职业生涯管理中心有意引导同企业目标方向一致的员工个人脱颖而出，为培养企业高层经营管理人员或技术人员提供人才储备。提高人员整体竞争力和储备人才是企业的需要。对组织职业生涯管理的精力、财力投入和政策注入可以看成企业为达到上述目的而进行的较长期投资。企业需要是组织职业生涯管理的动力源泉，无法满足企业需要将导致组织职业生涯管理失去动力源而中止，最终导致组织职业生涯管理活动的失败。

第三，组织职业生涯管理形式多样、涉及面较广。凡是在企业中对员工职业活动的帮助，均可列入职业生涯管理之中。其中既包括针对员工个人的，如各类培训、咨询、讲座以及为员工自发扩充技能，提高学历的学习给予便利等；同时也包括企业的诸多人事政策和措施，如规范职业评议制度，建立和执行有效的内部升迁制度等。企业的组织职业生涯管理从招聘新员工进入企业开始，直至员工流向其他企业或退休而离开企业的全过程都一直存在。组织职业生涯管理同时涉及职业活动的各个方面，因此建立一套系统的、有效的组织职业生涯管理是有难度的。

了解组织职业生涯管理的含义与特征后，就可以把职业生涯管理作为一种对个人开发、实现和监控职业生涯目标与策略的过程，一种顺利达到目标的手段。职业生涯管理是一个长达一生的过程，它能够使我们认识自我、工作、组织，设定个人的职业目标，发展实现目标的战略以及在工作和生活经验的基础上修正目标。虽然职业生涯是指个体的工作行为经历，但职业生涯管理可以从个人和企业两个不同的角度来进行。

一是从个人的角度来看，职业生涯管理是指一个人对自己所要从事的职业、要进入的工作组织、在职业发展上要达到的高度等做出规划和设计，并为实现自己的职业目标而积累知识、开发技能的过程。它一般通过选择职业、选择工作单位、选择工作岗位，在工作中技能得到提高、职位得到晋升、才干得到发挥等来实现。个人在择业上的自由度很大程度上取决于个人所拥有的职业能力和职业品质。而个人的时间、精力、能量毕竟是有限的，要使自己拥有不可替代的职业能力和职业品质，就应该根据自身的潜能、兴趣、价值观和需要来选择适合自身优点的职业。将自己的潜能转化为现实的价值，这就需要对自己的职业生涯做出规划和设计。因此，人们开始重视职业生涯的管理，看重自己的职业发展机会。

二是职业生涯既是个人生命运行的空间，又和企业有着必然的内在联系。企业是个人职业生涯得以存在和发展的载体。企业的存在和发展依赖个人的职业工作，依赖个人的职业开发与发展。筛选、培训以及绩效考评等人力资源管理活动在企业中的重要作用体现在以下两个方面：一方面，从传统意义上而言，其重要作用在于为企业找到合适的人选，即用能够达到既定兴趣、能力和技术等方面要求的员工来填补工作岗位的空缺；另一方面，人力资源管理活动还越来越多地扮演着另外一种角色，这就是确保员工的长期兴趣受到企业的保护，其作用尤其表现在鼓励员工不断成长，使他们能够发挥出全部潜能。人力资源管理的一个基本假设就是企业有义务最大限度地激发员工的能力，并为每一位员工提供一个不断成长和实现职业成功的机会。换言之，企业强调为员工提供帮助和机会，以使他们不仅能够形成较为现实的职业目标，而且能够实现这一目标。企业不仅能够定期通过对员工工作绩效评价来确定薪酬，而且可以通过它去发现某一位员工的发展需要，并设法确保这些需要得到满足。人力资源管理活动可以满足企业的需要，且满足个人的需要，实现"双赢"，即企业可以从更具有献身精神的员工所带来的绩效改善中获利，员工则可以从工作内容更为丰富、更具挑战性的职业中获得收益。

从企业的角度对员工的职业生涯进行管理，集中表现为帮助员工制定职业生涯规划，建立各种适合员工发展的职业通道，针对员工职业发展的需求进行适时的培训，给予员工必要的职业指导，促使员工职业生涯的成功。

三、职业生涯的规划

（一）职业生涯规划的重要意义

第一，职业生涯规划让人生有目标，目标让人生富有意义。职业生涯规划有助于个体集中精力，全神贯注于自身有优势并且会有高回报的方面。这样有助于大学生发挥潜力，最终实现目标。

第二，职业生涯规划是有助于学生走向职业成功的有效途径。对于职业生涯规划，不同的人有不同的看法。职业生涯规划是在了解自我的基础上确定适合自己的职业方向和目标，并制订相应的计划，为个人走向职业成功提供最有效的途径。学生应按照职业生涯规划理论来加强对自己的认识和了解，找出自己感兴趣的领域，确定自己的优势所在，明确切入社会的起点及提供辅助支持、后续支援的方式，从而找到自己取得职业成功的有效途径。

第三，职业生涯规划有助于大学生实现个人全面发展。职业生涯规划将引导大学生正确认识自身的个性特质，帮助大学生重新对自身价值进行定位并使其持续增值，搜索或发现新的、有潜力的职业机会，学会如何运用科学的方法，采取可行的步骤与措施，不断提升自我素质，实现自身价值的升华，追求拥有健康的生理体系、健全的人格体系、丰富的知识体系、综合的能力体系、良好的人际关系和丰富的人生活动体系等，最终实现全面发展。

第四，职业生涯规划有助于大学生提升就业竞争力。职业活动的竞争较为突出，部分毕业生没有充分认识到职业生涯规划的重要性，认为找到理想的工作依靠的是学识、业绩、耐心、关系、口才或长相等条件。做好职业生涯规划，有清晰的认识与明确的目标后，把求职活动付诸实践，能够获得更好的求职效果。

（二）职业生涯规划的基本步骤

职业生涯规划究其本质是确定个人的职业生涯发展方向、目标及路径，并采取有效行动达成目标的过程。职业生涯规划的基本步骤主要包括自我评估、分析环境、确定目标、制订和实施行动计划以及反馈修正。

1.自我评估

职业生涯规划是一个"从内而外"的过程，因此在进行职业生涯规划时，要先认识自己，做好自我评估。认识自我，对于大学生而言，主要是了解兴趣、学识、性格、技能、情商等与大学生本人相关的所有因素。自我评估的结果可以通过自我剖析、职业测试以及角色建议等方法获得。

职业匹配理论是最早的职业辅导理论，职业匹配理论认为个体差异是普遍存在的，个体都有自己独特的能力模式和个性特质，而某种能力模式及人格模式又与某些特定职业存在相关性。每一种职业由于其工作性质、环境、条件、方式的不同，对工作者的能力、知识、技能、性格、气质、心理素质等都有不同的要求。人在进行职业决策时，要根据个人的个性特征来选择相对应的职业种类，即进行"人-职"匹配。若匹配，则个人的特征与职业环境协调一致，职业成功的可能性较高；反之，职业成功的可能性较低。因此，对于组织和个体而言，进行恰当的"人-职"匹配具有较为重要的意义。而进行"人-职"匹配的前提之一是必须对个体的特性有充分的了解和掌握。评估自我是一个较为艰难的过程，在对自己进行剖析的过程中，澄清真实的自我是做好职业生涯规划的第一步。大学生在利用人才测评量表评估自我之前，应认真阅读测试指导语，并在一个较为安静的场所进行自我心灵的交流，完全遵从真实的我是保证测试结果准确的重要环节。

另外，采用非标准的评估方法，如访谈、360度评估、关键事件分析等方法进行自我探索也非常必要，是全面、客观地澄清真实自己的有效方法，可帮助大学生更好地把握自我的职业兴趣、个性特征、价值取向、行为风格等。

2.分析环境

随着经济的高速发展、科技的迅猛进步和市场竞争的不断激化，用人单位对个人发展提出了越来越高的要求，这对个人职业生涯规划产生了深远的影响。因此，在制定个人职业生涯规划时，大学生不能只从"自我"需要出发，还得结合现实的社会需要，深入分析环境条件的特点、环境的发展变化情况、个人与环境的关系、个人在这个环境中的地位、环境对个人提出的要求，以及环境对个人的有利条件和不利条件等因素。

职业环境的分析主要分为三个方面：一是组织环境分析，包括对所选组织的特点、文化、经营状况、发展状态、发展战略、人才需求、升迁政策以及具体岗位的工作性质进行全面系统的分析；二是社会环境分析，主要涉及社会政策、社会变革、价值观念的变化、人才市场需求以及科技发展对所选职业的影响等方面。社会环境分析需要具备较强的时效性；三是经济环境分析，主要关注经济模式的演变、经济体制的改革、经济政策的变化、产业结构的调整、经济增长率、经济景气度、经济建设的重点转移、改革开放政策等对所选职业的影响。经济环境分析需要结合国家宏观经济政策来全面考虑。

通过以上分析，大学生能够更好地了解职业环境的特点、发展趋势等。这种全面的环境因素分析有助于学生更好地制定职业生涯规划。我们鼓励大学生积极亲近工作世界，以便更全面地认识职业环境，与工作世界实现更紧密的联系。

大学生可利用节假日到目标企业或与目标企业相似的企业进行实地考察、顶岗实习，以职业人的标准要求自己，做到与目标职业岗位"零距离"接触。一方面，大学生可以在学习职业技能的同时，感悟企业文化、企业经营理念，了解企业的用人要求，了解岗位工作性质、内容、环境、薪酬、晋升机会及发展前途等；另一方面，大学生可以了解自己对工作环境的适应力，探寻自身条件与工作岗位的匹配度，为做出科学的职业决策提供指导。

大学生也可采用朋友推荐、教师介绍等方式开展生涯人物访谈，走访行业领域里的成功人士，了解成功人士的成长历程，了解行业特点、发展趋势，为在校期间制订合理的学习计划提供依据。

大学生还可通过走访师哥师姐来加深自己对职场环境的认识。师哥师姐作为大学生的同辈人，具有与大学生相似的文化背景与经历，可以从更为现实的角度上帮助学生认识职场，了解走出校门后的职场生活，帮助他们对未来的职业环境有更加感性的认识，同时可为大学生制订科学合理的职业规划行动方案提供指导。

3.确定目标

确定目标是职业生涯规划的核心内容。大学生应在自我评估、环境分析的基础上，选择自己的职业方向，确立职业生涯发展目标。一般而言，制定目标应遵循 SMART 准则，如表 4-1 所示。

表 4-1 SMART 准则

SMART准则	内容解释
具体的（Specific）	把目标定得具体，明确所遇到的问题或事情的实质
可衡量的（Measurable）	正在使用的方法，应是量化的
可行的（Achievable）	确保要求是可以实现的
切实的（Realistic）	目标要实际
有时间限制的（Time-limited）	决定一个合理的时间段，然后执行

大学生在职业定位过程中应考虑性格与职业的匹配、兴趣与职业的匹配、特长与职业的匹配、专业与职业的匹配、社会需求与个人意愿的匹配等。大学生应树立从基层做起，脚踏实地地去实现人生理想的就业观，必须根据实际情况相应调整自己的就业期望值，对就业地域、就业单位、就业岗位、工资薪酬等及时作出合理的调整，以适应现实社会的发展变化。

4.制订和实施行动计划

行动计划通常包含长期和短期两个部分。在实现长期计划的过程中，常常会受到众多不确定因素的影响。因此，大学生应该根据个人实际情况以及社会发展趋势，不断设定新的短期目标，并围绕职业目标，制订有针对性、明确和可行的行动计划，尤其是要详细规划大学期间和毕业后五年内的实施计划。在制订和实施行动计划时，需要注意的事项如下：必须规定出如何分配全部工作量；必须注意计划中各具体的子目标与决策总目标的一致性；必须把时间因素当作一个重要因素来加以考虑。

5.反馈修正

为使职业生涯规划行之有效，需要结合实际情况不断对职业生涯规划的内容进行评估与修正，实时调整方案。对大学生而言，反馈修正的主要内容包括职业方向的重新选择、各阶段目标的修正、实施措施与计划的变更等。

（三）职业生涯规划的具体方法

1.一般方法

（1）PPDF法

PPDF（个人职业表现发展档案）是对员工工作经历的一种连续记录，能使员工及主管领导对该员工所取得的成就，以及员工的未来规划有一个系统的了解。PPDF 既指出员工现时的目标，也指出员工将来的目标及可能达到的目标。

PPDF 是两本完整的手册，当员工想要达到某一个目标时，PPDF 会为他提供一个非常灵活的档案。

　　具体而言，PPDF 法包含以下方面内容：

　　第一，个人情况，如表 4-2 所示。

表 4-2　个人情况

类别	主要内容
个人简历	个人简历包括个人的生日、出生地、部门、职务、现住址等
文化教育	初中以上的校名、地点、入学时间，在学校负责过何种社会活动等
学历情况	填入所有的学历、取得的时间、考试时间、学过的主要课程及分数等
曾接受过的培训	曾接受过何种与工作有关的培训、培训形式、培训时间等
工作经历	按顺序填写工作过的单位名称、所从事过的工作、工作地点等
有成果的工作经历	写出以前有成绩的工作有哪些
工作评价	写出对工作进行的评价
评估小结	对档案里所列的情况进行自我评估

　　第二，现时情况，如表 4-3 所示。

表 4-3　现时情况

类别	主要内容
现时工作情况	应填写现在的工作岗位、岗位职责等
现时行为管理文档	写上现在的行为管理文档记录，可以在这里加一些注释
现时目标行动计划	设计一个目标，同时列出和此目标有关的专业、经历等。这个目标是有时限的，要考虑到成本、时间、质量和数量等
现时目标	了解自身的目标
为每一个目标设定具体的期限	写出与上司谈话的主要内容

第三，未来发展，如表 4-4 所示。

表 4-4　未来发展

类别	主要内容
职业目标	在今后的3～5年里，自身的职业目标
所需要的能力、知识	为了达到目标，应拥有哪些新的技术、技巧、能力和经验等
发展行动计划	为了获得这些能力、知识等，准备采取哪些实际行动。其中哪一种是最有效的方法。明确谁对执行这些行动负责，完成的时间等
发展行动日志	发展行动日志应填写发展行动计划的具体活动安排，所选用的培训方法，如听课、自学、所需时间、开始时间、取得的成果等

对照上面的详细内容，结合自己的实际情况，大学生可以为自己的职业生涯规划设计一个 PPDF，明确学习方向，并每隔一段时间拿出来进行对照，及时做出调整。PPDF 的使用需要外界权威的支持，有了外界权威的监督和指导，大学生的职业生涯规划会产生较好的效果。

（2）态势分析法

态势分析法又称 SWOT 法，是在 20 世纪 80 年代初提出来的，常用于企业内部分析的方法，即根据企业自身的既定内在条件进行分析，找出企业的优势、劣势及核心竞争力之所在。其中，S 代表 Strength（优势），W 代表 Weakness（弱势），O 代表 Opportunity（机会），T 代表 Threat（威胁），其中，S、W 是内部因素，O、T 是外部因素。按照企业竞争战略的完整概念，战略应是一个企业"能够做的"（即组织的强项和弱项）和"可能做的"（即环境的机会和威胁）之间的有机组合，如表 4-5 所示。

表 4-5　SWOT 法矩阵

因素	优势（S）	劣势（W）
机会（O）	SO战略（增长型战略）	WO战略（扭转型战略）
威胁（T）	ST战略（多种经营战略）	WT战略（防御型战略）

SWOT 法运用系统的思想将一些看似独立的因素相互匹配并加以综合分

析，有利于人们对个人或组织所处情景进行全面、系统、准确的研究，有助于人们制定发展战略，以及与之相对应的对策。运用 SWOT 法对自身职业发展问题进行分析时，应按照以下五个步骤：

第一，需要进行自我评估，以明确个人的优势和劣势。每个人都拥有独特的技能、天赋和能力，而在现代高度专业化的环境中，每个人通常在某个领域有特长。因此，人们不仅需要认识自己的优点，还要识别自身的不足。这一过程将有助于确定下一步的职业决策，包括是否需要克服弱点或者是否应该避免进入不擅长的领域。

第二，要考虑外部的职业机会和威胁。不同行业面临不同的外部因素，这些因素会影响到工作和职业发展。因此，了解行业的机会和威胁对于成功找到合适的工作至关重要。这些因素不仅会影响首次就业，还会对职业发展产生长远影响。在选择职业方向时，需要考虑这些外部因素。

第三，要明确近期的职业目标。制订一个明确的职业规划，列出未来 3～5 年内的职业目标，并进行 SWOT 分析，以评估自身的优势、劣势、机会和威胁。这些目标可以包括选择职业领域、管理职责范围，以及薪资预期等。应确保这些目标与个人的优势相匹配，以便实现职业成功。

第四，需要制订详细的职业行动计划。明确未来 3～5 年内的职业行动计划，包括为实现每个目标所需的具体步骤和时间表。如果需要外部支持，就要明确需要哪种类型的支持以及如何获取它，如果分析表明需要提升管理技能，则计划中应包括参加哪些管理课程、课程级别以及何时报名学习等。

第五，寻求专业帮助是关键。虽然识别自身职业发展和行为习惯中的缺点相对容易，但如何有效地克服这些缺点通常需要专业的指导。朋友、上司、职业咨询专家都可以提供有价值的帮助，特别是专业咨询可以帮助实现更好的效果。

总结而言，进行详细的 SWOT 分析是一个需要认真对待的过程，是非常必要的。这种分析可以提供系统的、实际可行的个人职业策略，帮助个人在竞争激烈的市场中建立成功的、有挑战性和有趣的职业生涯。因此，制订策略性的行动计划至关重要。

（3）"What"法

许多职业咨询机构和心理学专家进行职业咨询和职业规划时常采用的方法是有关五个"What"的归零思考模式：从"我是谁"开始，然后依次问下去，共有五个问题。人们可以通过回答这五个问题，找到它们之间的共同点，从而拥有自己的职业生涯规划。

第一，我是谁？（What are you?）这是指对自己进行一次深刻的反思，想想自己是怎样的一个人，最好把自己的优势和劣势都列出来进行分析。

第二，我想干什么？（What you want?）这是对自己职业发展的一个心理趋向的检查。每个人在不同阶段的兴趣和目标并不完全一致，有时甚至是完全对立的。兴趣和目标随着年龄的增长和经历的增多而逐渐固定，个人最终锁定自己的终生理想。

第三，我能干什么？（What can you do?）这是对自己能力与潜力的全面总结。一个人职业的定位最根本还是归结于他的能力，而职业发展空间的大小则取决于自己的潜力。对个人潜力的了解应从兴趣、执行力、判断力、知识结构等方面去认识。

第四，环境支持或允许我干什么？（What can support you?）这是对环境支持的了解，包括客观和主观两方面，客观方面包括经济发展、人事政策、企业制度、职业空间等，主观方面包括同事关系、领导态度等，两个方面要综合起来分析。个人在做职业生涯规划的时候，常常会忽视主观方面的积极影响，不能将一切有利于自己发展的因素充分调动起来，从而影响自己的职业发展。

第五，自己最终的职业目标是什么？（What you can be in the ends?）在明晰前四个问题后，找出对实现目标的有利和不利条件，列出不利条件最少、自己想做而又能够完成的职业目标，就有了清晰的框架。要使职业生涯规划行之有效，必须不断对职业生涯规划进行评估与调整。

2.常见方法

（1）自然发生法

自然发生法即按时间的延续，就着环境，顺其自然地发展。

（2）目前趋势法

人类具有从众心理，这是一种自我保护的本能表现。在选择专业时，个人跟随当前市场趋势，盲目地涉足新兴热门行业。目前趋势法有助于减少外部风险，但也容易导致盲目跟风，忽略了个人内心感受。因此，应该综合考虑社会发展因素。

（3）假手他人法

这是指通过他人替代自己做出决策和选择，这些他人可以包括父母、朋友、辅导员、权威人士等。

（4）最少努力法

人们在解决任何一个问题时，总是力图把所有可能付出的平均工作最少化，即一个人在解决他面临的问题时，要把这个问题放在他所估计到的、将来还会出现的整体背景中去考虑，当他着手解决这个问题时，就会想方设法寻求一种途径，把解决面前的问题和将来可能出现的问题所付出的全部工作最少化。

（5）橱窗游走法

社会需要多才多艺的人，但也需要专业的人才。当难以作出明确选择时，可以暂时放下选择，而专注于了解自己的能力和内在需求，以便更全面地认识自己。

3.系统方法

第一，通过对自己的兴趣、价值观、理想、成就动机等因素的分析，确定个人目标，明确自己的方向。

第二，通过对自己的能力专长、专业知识、社会经历等因素的分析，确定自己的职业能力倾向，了解自己能够向哪一条路线发展。

第三，对当前及未来的社会环境、经济环境、组织环境等进行分析，确定自己的发展机会，明确自己的职业方向是否受到环境因素的影响。

（四）职业生涯规划的评估、反馈与修正

1.职业生涯规划的评估

影响职业生涯规划的因素很多，有的因素是可以预测的，而有的因素则是难以预测的。职业生涯规划评估主要是对各阶段的预定目标和实际结果之间的差距进行分析，找出差距产生的原因。

（1）职业生涯规划评估的作用

许多人对职业生涯规划的认识都会走入一个误区，他们错误地认为只要根据实际情况制定好职业生涯规划就会一劳永逸，但事实上并不是这样。我们周围的环境每时每刻都在变化，我们自身的条件也不是一成不变的，所以职业生涯规划是一个动态的过程。在实施职业生涯规划的过程中有些条件会发生变化，导致目标和结果出现一定的差距，这就要求根据实际情况对职业生涯规划进行不断的调整。至于如何调整，应当取决于评估的结果。评估的作用具体如下：

第一，进行评估有助于验证职业生涯策略的适切性。职业生涯规划的每个方面都依赖自我分析和客观事实，但大学生所处的环境不断变化，从国际局势的波动、国家政策的调整，到组织内部制度的转变、组织结构的演进，以及个人条件的变化，这些都是影响大学生职业生涯目标设定的客观要素。而且大学生常常心智未完全成熟，缺乏社会经验，通常高估自己的能力，未必会根据实际情况设定合理的职业期望。此外，在制定职业生涯规划时，通常会经历自我评估的过程，然后基于此制定职业生涯目标，并拟定相应的实施策略，包括学习计划、培训计划和职业路径规划等。然而，对于这些计划应当经常性地审视和反思，因为它们多半建立在主观分析和过往经验之上。因此，在执行这些计划的过程中，大学生需要不断地自省，周期性地评估实际效果。

第二，定期的阶段性评估有助于及时调整职业生涯规划。周围环境和自身

都在不断变化，如果大学生不定期评估职业生涯规划，或者长时间不进行评估，就无法及时发现问题并迅速作出调整。职业发展专家通常建议至少每年进行一次评估。因此，根据不同的情况，需要进行定期的评估，以及时纠正执行中出现的偏差。对于短期目标，通常每年进行一次评估；对于中期目标，应每3～4年进行一次评估；对于长期目标，建议每7～10年进行一次评估。需要注意的是，在通常情况下，对中长期目标的评估较为深入，有可能导致对职业目标进行较大幅度的调整。

（2）职业生涯规划评估的要素

第一，抓住最重要的内容。在大学生职业生涯规划的评估中也不必面面俱到，而是应抓住一两个关键的目标和最主要的策略方案进行追踪。

第二，分离出对自己影响最大的环境变化。针对变化了的内外环境，要善于发掘对自己影响最大的变化，然后据此评估和修订自己的职业生涯规划。

第三，找到突破方向。有时候，在某一点上取得突破性的进展将使整个局面发生意想不到的改变。

第四，突出"优势我"。看看目标设定，是否考虑了自身的优势，或者经过学习和培训，自身的优势是否更加突出。如果不是，则需要重新进行自我认知和职业定位。

（3）职业生涯规划评估的方法

第一，反馈法。准备一个记录本，记录一段时间内学习、思考的心得体会，以及参加的各项活动及其感想，然后检查并修订自己的职业生涯规划，看看哪些事情没做好，哪些学习和工作方法需要改进，哪些能力急需提升。

第二，分析、调查、总结法。每个月或每个学期结束后，要认真总结一下自己这段时间的收获有哪些，这些收获对达到最高目标有无帮助。另外，在每一个短期目标实现后，都应对下一步的主客观环境和条件重新进行调查、分析，看看条件是否变化，哪些变好，哪些变坏，总体如何，要做到心中有数，然后根据变化了的情况修订原来拟定的下一步计划。

第三，对比法。对比法是指将自己的职业生涯规划及其执行情况与他人进行对比，找出自己的问题与差距，据此改进自己的职业生涯规划及其执行方法。

第四，交流法。交流法是指经常就自己的职业生涯规划及执行情况与同学、教师进行交流，听取他们的建议，然后据此改进自己的职业生涯规划及其执行方法。

第五，360度评价法。在360度评价法中，评价者不仅包括被评价者的上级主管，还包括其他与之密切接触的人员（如下属、客户等），同时也包括自评。可见，这是一种基于上级、下级和客户等搜集信息、评价绩效并提供反馈的方法。

大学生职业生涯规划360度评价应包含学校领导、教师、同学和被评价者自身等。实施大学生职业生涯规划360度评价，要重点做好以下工作：

一是做好同学间评价。同学间评价可以借助同学的智慧与经验，让被评价的学生更清醒地认识到自身的优势和不足，明确努力的方向。

二是做深自我评价。自我评价便于大学生进行自我反思，由被动接受评价转变为主动反省和总结学习工作的得失，从而使大学生自我评价成为自我认识、自我改进、自我管理、自我完善的有效途径，以及大学生专业发展的"助推器"。

三是做实评价反馈。360度评价最后能否改善大学生的职业生涯规划状况，在很大程度上取决于评价结果的反馈。因此，应通过选择合适的时间、地点和反馈途径，把各方面的评估信息进行综合分析并反馈给大学生自己，从而帮助大学生评价和调整职业生涯规划的发展和行动计划，增强反馈的效能。

2.职业生涯规划的反馈与修正

职业生涯规划的制定实际上是一个动态的过程。由于现实社会中有许多不确定因素的存在，新的情况不断涌现，所以大学生原来制定好的职业生涯目标往往与现实情况有所偏差，这就要求大学生不断反省，通过目标和行动方案的反馈信息及时作出相应的调整，从而保证最终实现人生理想。

在实施职业生涯规划时，由于每个人的自身条件和外部环境不一样，对未来目标的设定也有区别，并且不可能对未来外部情况了如指掌，对自己的一些潜在能力也可能了解不够深入，这就需要在实施过程中不断根据反馈进行规划修正，使之更符合当时的客观环境，并且要充分认识与了解相关的环境，清楚环境因素对自己职业生涯发展的影响，分析环境条件的特点、发展变化情况，把握环境因素的优势与限制，结合本专业、本行业的地位、形势及发展趋势，对生涯目标与策略等进行取舍与调整。同时，反馈与修正还可以极大增强自信心，从而促进生涯目标的实现。总之，反馈与修正是职业生涯规划的重要环节，也是保障生涯规划能否实施的关键环节。只有通过反馈与修正，才能保证目标的合理性和措施的有效性，也才能最终促使生涯目标的实现。

（1）职业生涯规划的反馈

所谓反馈，就是沟通双方期望得到一种信息的回流。其实，反馈调整就是一个再认识、再发现的过程。这就要求大学生时刻注意周围环境的变化，不断地审视自我、调整自我，不断地修正策略和目标，确保个人职业生涯规划的有效性。职业生涯规划的反馈可以分为两种类型，分别是正式反馈和非正式反馈。

第一，正式反馈。正式反馈通过程序化的过程进行。大学生的正式反馈通常使用大学生综合素质反馈登记表。从教育学的角度来界定，综合素质可划分为思想道德素质、智育素质、体育素质、文化素质和心理素质等部分。一般认为，不同高校、不同专业对大学生素质结构的要求不同。但在进行必要的单位换算和加权处理后这五部分分值可形成一个综合素质评价值。这满足了高校对大学生综合素质评价科学性的需求，可使大学生知道自己的哪些能力需要提高，从而改进其学习、工作表现和行为。

第二，非正式反馈。非正式反馈由大学生在日常学习、工作、交流中互相提供反馈信息。它可以由教师或同学（朋友）对其所存在的缺点提出意见，还可以通过写感谢信、当众表扬或教师当面赞许等方式传递正面的反馈信息，如在学习上相互帮助，通过上课前、卧室里的交流等取长补短，在实训课结束后马上进行总结。通过非正式反馈，学生可建立重要的人际交流渠道，并为职业生涯规划进行正式反馈铺平道路。

（2）职业生涯规划的修正

人生目标往往是基于特定社会环境和条件而制定或实现的，这样的环境和条件总是在不断变化，即使确定了目标也应该及时进行修改和更新。对大学生而言，就业环境的不断变化，使他们必须不断修正和更新自己的职业生涯规划。

在大学生对职业生涯规划实施结果进行阶段性评估之后，就要根据评估的结果进行目标和实施方案的修正。职业生涯规划修正的内容包括职业目标的重新选择、职业生涯路线的重新设定、阶段目标的修正，以及实施措施与行动计划的变更等。

第一，职业生涯目标实施方案修正的目的。通过修正，应该达到下列目的：①决定放弃或者坚持自己的目标，并进行必要的调整；②明确影响实施效果的关键因素，对实施方案的合理性加以认识；③对需要改进之处制订调整计划，以确保修订后的实施方案能帮自己达成职业生涯目标。

第二，职业生涯目标实施方案修正的内容。以上问题的答案将作为修正新的职业生涯规划的参考依据。对职业生涯规划进行修正的内容为：①职业生涯目标的重新选择；②职业生涯发展路线的重新确定；③阶段性职业生涯目标的调整；④职业生涯目标实施方案的变更等。

第三，职业生涯目标实施方案修正的行动计划。实施职业生涯规划时，必须为日后可能的计划修改预留余地，修正的依据是每次评估后反馈回来的信息。至于计划修正的时机，必须考虑以下方面：①以周、月或学期为单位，定期检查预定目标的达成进度及取得的效果；②每一阶段目标达成之时，要依据实际效果，修订未来阶段目标可采用的策略；③主观因素、客观环境改变影响到计划的执行。

第四，职业生涯目标实施方案修正考虑的因素。一是环境因素。环境因素包括政治环境、经济环境、科技环境、自然环境、法律环境等。从宏观层面认识到职业生涯发展的局限和可能，个人只能适应而不可改变。二是组织因素。

组织因素包括组织规模、组织结构、组织文化、组织发展状况、人力资源规划、人力资源管理系统类型、晋升政策、人际关系等一切与职业生涯发展有关的因素。要改变组织因素非常困难，但个人可以选择到最适合自己发展的组织中工作。三是个人因素。个人因素包括年龄、性别、学历、工作经历、家庭背景、人格等。一方面，要正确认识自己；另一方面，要不断完善自己。组织和个人只能使用第一个因素，正确认识和分析第二个、第三个因素，寻求个人发展和组织发展的最佳匹配。

（五）职业生涯规划的管理

职业生涯的关键期发生在 18～24 岁，一般情况下正是个体身处大学校园的时光。大学阶段是人生的重要时期，根据唐纳德·舒伯（Donald Super）生涯发展论的阶段划分，大学阶段处于探索期的过渡和尝试阶段。在这个阶段，大学生有很多东西要学，有许多事情要做。只有明确大学阶段生涯发展的任务和重点，并为之积极努力奋斗，大学生才能为自己今后的职业发展做好铺垫，增添价值。

如果将人生比作一件工艺品打造和展示的过程，那么大学时期是这件工艺品基本材质的完善和定型阶段，是塑造工艺品完美品质的前提条件，将为下一步工艺品的精雕细琢奠定基础。如果大学生在这个阶段没有打好基础，则其职业生涯会受到影响，削弱大学生未来职业生涯的成就感，甚至损害今后人生的幸福。在当今充满竞争的环境下，职业生涯管理的重要性越来越凸显。因此，在校大学生掌握职业生涯管理能力、积累职业生涯管理经验就变得极为迫切和重要。

1.职业生涯规划的目标管理

一个人没有目标，就没有前进的方向和动力，而有了目标，不进行科学的管理，就等于没有目标。因此，新时代的大学生不仅要树立远大的理想，形成一个有联系、有机的系统目标，而且要对目标进行科学管理，分阶段、分层次组织实施，才能实现人生理想。

（1）目标定位与分类

为了准确把握大学时期应实现的目标，科学制定目标，大学生需要对目标进行定位和分类。

第一，目标定位。大学生目标定位是指大学生根据社会期望和自身发展的需要，确立奋斗目标和发展方向的过程。这里的目标在横向上涵盖了大学生知识、能力、素质等方面的发展目标，在纵向上包括了大学生在各个时期的近期、远期目标。可以说，目标定位是大学生成长的出发点和归宿，它制约着大学生成长的整个过程。大学生在确立自己的目标时，应充分考虑社会对大学生能力和素质的普遍要求，同时要考虑专业发展方面的要求，在培养自己沟通和表达能力、协调和管理能力、知识运用和动手能力、预测与决策能力、创业创新能力等基本能力的基础上，以专业为突破口，学好专业基础知识，在实践中验证所学知识，在应用中促进专业知识的学习和把握。

第二，目标分类。一是按时间长短分为短期目标、中期目标、远期目标等；二是按目标内容分为理论学习目标、实践训练目标、活动参与目标等；三是按目标支撑逻辑分为专业学习目标、职业目标、人生目标。大学生应统筹考虑，按照学校的培养方案和培养目标，清楚大学阶段需要完成的学业，以及需要具备的各项能力和素质，然后借助学校资源设计自己的目标体系，分模块设计目标，将近期、远期目标结合，确定人生目标。确立目标后，大学生应放眼大目标和远期目标，着手小目标和短期目标。

（2）确立科学的目标

科学、合理的目标不仅可以为大学生的自我发展提供导向，也有利于调动大学生的积极性、主动性和创造性。具体来说，科学、合理的目标应该具有以下特征：

第一，完整。人生目标需要涵盖生活的各个层面。一个拥有大量财富的人需有强健的体格才能享用这些，只有健全的人才能真正享受美好、快乐的人生。人生是一个连续发展的过程，也是一个由个体与环境交互作用而产生生理、心理改变的过程。一个人的人生发展主要有：生理发展、身体发展、认知发展、社会发展、情绪发展与人格发展。生理发展偏重遗传、神经、荷尔蒙与行为的关系；身体发展偏重身体的改变；认知发展偏重心智的活动——思考、知觉、记忆、注意力、语言等；社会发展着重于个人与他人、环境的互动；情绪发展着重于个人的情感表达；人格发展则着重于个人的特质。这几种发展相互作用，唯有生理、身体、认知、社会、情绪、人格均衡发展的人才是健全的人。所以，人生目标需要涵盖生理、身体、认知、社会、情绪、人格层面。

第二，合理。目标必须合理，不切合实际的目标只会给自己造成不必要的压力和挫折。难度太高的或不切实际的目标是不合理、不科学的目标。目标并非定下后就决不更改，随着对目标的了解，可能需要对目标作些弹性的调整。

如果目标确实行不通，就要尝试另设一个目标。例如，牛顿早年就是永动机的追随者，在遭遇了大量的实验失败后，他非常失望，但他很明智地退出了对永动机的研究，而在力学研究中投入了更大的精力。最终，许多永动机的研究者抑郁而终，而牛顿却因放弃了永不能实现的目标，而在其他方面脱颖而出。

（3）对目标进行管理

目标确定后，需要对目标进行管理。目标管理主要是对确立的目标进行分解，对目标进行评估，分出主次和先后顺序，以便逐步实施。同时，要适时对完成效果进行监控，并根据情况调整下一步实施方案。

第一，划分目标。一个大目标往往让人不知道从何处入手，或者在追求目标的过程中缺乏信心，因此可以将目标按目标分类进行划分。具体方法是：当目标确定后，第一步是在纸上列出达到目标所要具备的能力、技术或条件等；第二步是规划获得这些能力、技术和条件所需的时间，然后将第二步骤的结果安排在长期、中期、短期及每日的计划中，那么今后每天仅需要完成当天的工作，而不必担心是否能完成终极目标。

对长期目标进行划分，核定每天应该完成的工作量十分必要。因为一个完整全面的目标不可能一蹴而就，如果不作划分，就会因为目标的长期性和艰巨性而丧失完成的信心和坚持的勇气。

目标划分并非仅适用于长期目标，即使是短时间内需要完成的目标，也可分为长、中、短期目标，因为这种分类是相对的。例如，在期末复习中，可以把所有课程的复习分为明确课程重点和难点、掌握重点、突破难点三个阶段，计划好完成每一阶段的时间，将每完成一个阶段的工作当作对自己的一次鼓励与反馈，促使自己向下一个目标迈进。这样将目标分为若干阶段，既可以厘清思路，掌握实现目标的节奏，减轻开始着手实现目标时的压力，也有利于保证高效、高质量地实现目标。

第二，评估目标。太多的目标会分散有限的时间、精力，最终将会一事无成。面对众多目标，大学生应该学会取舍。首先在纸上列出所有的工作，然后逐一评估各项工作，在重要的工作前标上 A，次重要的工作前标上 B，最不重要的工作前标上 C。当完成目标分类的工作后，再将 A 类中的工作依照其重要性进行排序，因为所有的工作不会具有同等的价值，至于 B、C 类的工作暂时搁置。

第三，监控目标。抓住重点目标后，要对目标的实施过程和效果进行审视。大学生生活在一个多维而复杂的社会环境中，很容易受到生活环境的影响，可能会偏离主要目标，可能陷在日常琐碎事务处理中，可能因为环境的影响产生了消极情绪等。大学生要适时对重点目标的进程进行监控，当偏离主要目标时要纠正，当遇到日常琐碎事务时要及时快速处理，当情绪受到影响时要尽快调整，及时回归主要目标，有效实现主要目标。目标监控过程中要有量的陈述，如完成百分之几、达到什么级别等；还要有时限，否则就很容易被遗忘，如几月几日以前英语要过四级等。

2.职业生涯规划的时间管理

时间管理是指在同样的时间消耗情况下，为提高时间的利用率和有效性而进行的一系列的控制工作。从某种意义上说，时间管理就是对个体资源和自我行为的管理。

（1）时间管理的内容

第一，设立明确的目标。时间管理的目的是在最短时间内实现更多想要实现的目标。把一年中要实现的 4～10 个目标写出来，按重要性依次排列，然后依照目标设定详细的计划，并依照计划进行。

第二，学会列清单。把自己所要做的每一件事情都写下来，列一张总清单，这样做能随时明确自己的任务。

第三，做好"时间日志"。把每天做各种事花的时间记录下来，如每天早上刷牙、洗澡、穿衣花了多长时间，搭车的时间，出去见客户的时间等，就会发现浪费了哪些时间。只有找到浪费时间的根源，才有办法改变它。

第四，制订有效的计划。绝大多数难题都是由未经认真思考的行动引起的。在制订有效的计划时每花费 1 小时，在实施计划时就可能节省 3～4 小时，并会得到更好的结果。

第五，安排"不被干扰"时间。假如每天能有一个小时完全不受任何人干扰地思考一些事情，或是做一些重要的事情，这一个小时可以抵过一天的工作效率，甚至可能比三天的工作效率还要高。

第六，确立个人价值观。假如价值观不明确，就很难知道什么是重要的，也就无法做到合理地分配时间。时间管理的重点在于如何分配时间。

第七，严格规定完成期限。如果我们有一整天的时间可以做某项工作，就会花一天的时间去做它。而如果只有一个小时的时间可以做这项工作，我们就会更迅速有效地在一小时内做完它。

第八，学会充分授权。列出当前所有我们觉得可以授权别人做的事情，把它们写下来，让他人去做。

第九，同类事情最好一次做完。如果我们在一段时间内专注于做同类事情，效率会比较高，因此同类事情最好一次做完。

（2）时间管理的方法

第一，帕累托原则在时间管理中的运用。在有限的时间和资源下实现目标最大化，是高效管理者工作的重要原则。时间是实现目标的重要因素之一，为了对时间进行更好的管理，我们引入帕累托原则。帕累托原则又称作重要的少数、微不足道的多数，或 80 对 20 定律、犹太法则等，是 19 世纪末和 20 世纪初由意大利经济学家及社会学家维尔弗雷多·帕累托（Vilfredo Pareto）提出的，最初只是用于经济领域中的决策。这一原则是说在任何一组东西之中，最重要的通常只占其中的一小部分，因此对于重要但只占少数的部分必须分配更多的资源，更注重对它的管理，即用 80% 的时间来做 20% 最重要的事情。生活中肯定会有一些突发事件和迫切需要解决的问题，如果发现自己天天都在处理这些事情，那表示时间管理并不理想。在时间管理中运用帕累托原则有助于将一大堆需要完成的工作列出优先次序，把最应优先完成的作为工作中的重中之重，各花上一段时间集中精力把它们完成。

第二，"坐标法"在时间管理中的运用。一个人在同一时间处理两个以上的任务是一件极为困难的事情，一直保持高效更是难上加难，因此管理者应把时间花在重要的、必须做的任务上，而不是那些并非必须做的事情上。如果以"轻—重"为横坐标，以"缓—急"为纵坐标，我们可以建立一个时间管理坐标体系。把各项事务放入这个坐标体系，大致可以分为四个类别：重要且紧急、重要不紧急、紧急不重要、不重要不紧急。我们通常会把紧急的事情放在第一位，但这不是管理时间的有效办法。在最初，可能会做"重要且紧急"的事情，但应避免习惯于"紧急"状态，否则我们会不由自主地去做那些"紧急不重要"的事情。这样一来，我们没有时间去做"重要不紧急"的事，而这些事往往有着更深远的影响。因此，将大部分时间用在"重要而不紧急"的事情上，可以避免在事情变得紧急后疲于应付。

3.职业生涯规划的压力管理

（1）压力的两面性

心理学对压力的定义为：当我们的能力和资源不能满足环境要求的时候所感觉到的紧张和不安。哲学家对压力的定义为：当我们必须做一些以前未曾达到、未曾做过的事情时，我们感觉到的紧张和克服这种紧张的力量。心理学家让我们看到现在，而哲学家使我们看到未来。我们接受心理学家的定义，但我们更喜欢哲学家的定义，因为研究压力不仅仅是为了了解压力本身，更是为了战胜压力。

从实际来看，压力并非完全带有负面意义。反之，它也可视为一种有益的疗法，提示着我们人生的意义在于持续挑战自身、不断突破极限。明显可见，若我们能够适度应对压力，那么它对我们的个人成长将带来积极影响。然而，若压力长时间处于不足或过度紧张的状态，就会对我们的身心健康造成伤害。因此，我们需要正确看待压力，将其掌控在我们能够承受且有助于我们的成长范围内，使压力成为促进我们发展的催化剂。

（2）成长过程中面对的压力

大学生既是承载家长高期望的特殊群体，也是承载社会高期望的特殊群体。在最终成才、体现自我价值等主观愿望方面，这个"特殊群体"具有相当的普遍性。但是，近年来国内大学里出现了一些令人担忧的负面现象：部分大学生苦闷、彷徨、焦虑、偏执、脆弱，于是休学者有之，退学者有之。这些问题不但影响了大学生的健康成长，也与建设社会主义和谐社会的基本精神背道而驰。从心理学的角度讲，当代大学生主要面临以下四个方面的压力：

第一，学习压力。学习是大学生群体最基本的任务，四年的学习持续时间很长，大学生不仅要学习专业课程，还要参加各种培训。过多的学习头绪、过重的学习任务，都给大学生带来巨大的压力。另外，父母对自己孩子的成才都有较高的期待，这也给孩子带来很多有形的和无形的压力。

第二，生活压力。生活压力主要来自两个方面：一是经济压力。学生上学的费用一般来自家庭，对于家庭经济比较困难的学生而言，这是不小的负担。二是自理压力。目前，部分大学生认为好好学习就是一切，长期忽视一般人都应该具备的基本生活技能，缺乏自理能力，从而产生自理压力。

第三，就业压力。目前，就业市场竞争激烈，"双向选择"对大学生的综合素质要求提高了，大学生一入学就要考虑毕业找工作的事情。竞争择业、竞争上岗、适者生存、不适者淘汰，整个社会都处于激烈竞争之中。面对即将踏入的竞争激烈的社会，不少大学生都会有一定程度的心理恐慌。连续多年的扩招本来已经加大了大学生竞争就业的压力，又加上大量农村剩余劳动力涌入城市等，使得就业问题变得更加尖锐。就业已经成为大学生普遍关注的话题，也是形成大学生心理压力最主要的来源之一。

第四，人际关系压力。从中学到大学，学习方式、学校管理方式有很大不同，来自五湖四海的同学文化背景、生活习惯都不同，大学生面临全新的人际关系问题。

（3）压力管理的方法

所谓压力管理，可分成两部分：一是针对压力源造成的问题本身去处理；二是处理压力所造成的反应，即情绪、行为及生理等方面的纾解。

第一，问题处理技巧。一般而言，普通大学生在面对无法有效处理的压力时，往往会采用一些不太理想的策略，包括逆来顺受、逃避、做出冲动行为等。然而，这些处理方式通常无法有效解决问题，有时甚至可能引发更严重的困境。鉴于问题解决过程与压力的调节密切相关，一旦处理方法出现问题，就可能导致压力的加剧或持续时间延长，进而导致情绪、生理和行为方面的严重伤害，甚至可能诱发各种身心健康问题。较理想的处理问题的态度为冷静面对问题并解决它，解决问题的标准步骤如下：①认清压力事件的性质；②理性思考及分析问题事件的来龙去脉；③确认个人对问题的处理能力；④寻求能帮助解决问题的信息，包括如何运用家庭及社会环境支持系统；⑤运用问题解决技巧，拟定解决计划；⑥积极处理问题；⑦若已完全尽力，问题仍无法在短时间内解决，则表示问题本身处理的难度甚高，有可能需要长期奋战。此时除了需要培养坚忍不拔的斗志之外，可能还需要其他的精神力量支持。

第二，压力反应处理。应对压力反应，不论问题处理的结果如何，处理过程所引发的身心压力都会导致明显的反应，因此适当处理身心反应成为有效压力管理的至关重要的环节。压力反应的处理可以从以下几个方面入手：

一是情绪的纾解至关重要。情绪的不适当表达通常会干扰问题解决过程，甚至可能加剧问题的严重程度。因此，有效地纾解情绪在问题处理过程中具有极大的重要性。如果情绪得不到妥善处理，则即使有良好的问题解决计划，也可能因情绪失控而降低其效力。在接受任何形式的心理治疗时，情绪纾解往往是首要步骤，只有在情绪得到平衡和控制之后，才能逐渐深入问题的核心。

二是保持积极乐观的态度也是至关重要的。在处理压力问题时，常常会面临一些困难。如果问题是由自身能力不足导致的，那么整个问题处理过程将成为提升个人能力的宝贵机会。如果问题源于环境或他人的因素，那么可以通过理性沟通解决，或者在无法改变的情况下，采取积极乐观的态度来应对。积极乐观的态度不仅可以平复情绪，还有助于问题导向正面结果。

三是要调和生理反应。深思熟虑、冥想，或者从事缓慢的放松活动，如肌肉松弛训练、瑜伽、冥想等，可以在身体内部引发一种宁静的状态，降低心率、血压和肺部氧气的消耗，从而使身体各器官得到休息。对于那些经常处于紧张状态的人而言，这种方法非常适宜。此外，运动也是在压力状态下平静生理反应的有效方式。因为压力会引发肾上腺素分泌和流动性增加，而运动可以减少和分散这些生理反应。因此，养成定期、适度运动的习惯对于应对压力非常重要。

四是调整行为也是必要的。应该避免不适当的情绪宣泄行为，采用合理的休闲娱乐方式，如与朋友聚会、登山、参加公益活动、学习新技能、参加团体活动等。这些积极的行为有助于缓解压力，改善生活质量。

第二节　职业生涯选择与发展

一、职业生涯选择

职业生涯选择是每个人生命中的一个重要决策，它直接影响到我们的工作满意度、生活质量和未来的发展。选择一个合适的职业不仅需要考虑个人兴趣和技能，还需要考虑市场需求、教育背景和个人价值观。下面对职业生涯选择的各个方面，包括个人发展历程、决策过程、技能和教育以及职业生涯的成长和追求等进行深入探讨。

第一，个人发展历程。在大学期间，学生有各种学术和非学术经历，这些经历会对他们的职业生涯选择产生深远影响。首先，大学提供了广泛的学科和专业选择，为学生提供了深入探索不同领域的机会。通过选修不同的课程，他们可以逐渐发现自己的潜力和兴趣所在。一门课程、一个导师或一个研究项目都可能激发学生对某一领域的浓厚兴趣，进而影响他们的职业生涯选择。其次，大学也是学生自我发展和成熟的关键阶段。学生在这个阶段培养了自我管理、时间管理和解决问题的能力，这些技能在职业生涯中至关重要。同时，参与学生社团、志愿活动和实习也有助于学生建立人际关系和职业网络，这对未来的职业发展非常有帮助。最后，大学还提供了各种资源和支持，帮助学生更好地了解职业选项。职业咨询中心、校园招聘活动和职业指导课程都为学生提供了有关不同职业领域的信息和建议。通过与职业顾问合作，学生可以制定合理的与其个人发展目标相符的职业规划。

第二，决策过程。选择职业生涯涉及一个复杂的决策过程，包括多个步骤和多方面因素的综合考虑。一方面，需要研究各个领域的职业机会，包括就业前景、薪资水平和工作条件等方面。另一方面，寻求职业导师和从业者的建议和经验也是必要的。在最终做出决策之前，大学生可以积极参与实习和志愿活动，以更深入地了解自己的兴趣和能力是否与所选职业相契合。

第三，技能和教育。技能与教育是在大学生考虑职业生涯选择时必须充分考虑的因素。因此，大学生需要积极地培养与所追求的职业生涯方向相关的技能和知识。

第四，职业生涯的成长和追求。职业生涯的成功不仅仅是工资水平和职位晋升，还包括对个人成长和满足感的追求。持续学习和追求个人兴趣是实现职业生涯成功的关键。

二、职业生涯发展

大学生的职业生涯是其人生的关键阶段，需要精心规划和积极准备。影响大学生职业生涯发展的重要因素如下：

第一，自我认知与目标设定。大学生应该花时间了解自己的兴趣、价值观、优势和弱点，这有助于确定适合自己的职业方向和目标设定。

第二，学业表现。保持良好的学业表现对职业生涯发展至关重要，较高的学术成就可以增加就业机会。

第三，实习和实践经验。积累实习和实践经验可以帮助大学生将学术知识与实际工作联系起来，增强就业竞争力。

第四，技能和培训。大学生不仅要获得学位，还要培养相关职业技能。这包括通用技能如沟通、团队合作，以及特定领域的专业技能。

第五，网络和人脉。建立与教授、同学和行业专业人士的联系可以为未来职业生涯发展提供机会和支持。

第六，职业咨询。寻求职业咨询师的建议和指导，他们可以提供关于职业选择、简历制作和面试准备等方面的有用建议。

第七，行业研究。了解自己所感兴趣的行业，包括趋势、机会和挑战，有助于做出明智的职业选择。

第八，终身学习：职业生涯发展是一个持续的过程，大学生应培养终身学习的习惯，不断更新知识和技能，以适应不断变化的工作环境。

第九，职业规划。制定职业发展规划，包括短期和长期目标，有助于指导个人职业发展方向。

第十，自我推销。大学生要学会在求职材料中有效地展示自己的能力和成就。

第五章　新时代大学生
职业素养发展

第一节　大学生职业素养概述

一、职业素养的认知

职业素养是人类在社会活动中需要遵守的行为规范，是职业内在的要求，是一个人在职业过程中表现出来的综合品质，其具体量化表现为职业智商，它体现了一个社会人在职场中成功的素养及智慧，所以职业素养是一个人职业生涯成败的关键因素。

（一）职业素养的意义

职业素养是从业者在从业过程中尽己所能把工作做好的素质和能力，它是衡量一个从业者成熟度的重要指标，对个人的提升、企业的发展及整个社会的进步都具有十分重要的意义。一个人在职场中能否成功取决于其职业智商，在工作中起到关键作用的就是素养。缺少这些关键的素养，一个人将一生庸庸碌碌，与成功无缘。如果拥有这些素养，就会少走很多弯路，以最快的速度通向成功。

一些企业已经把职业素养作为对人进行评价的重要指标。如有公司在招聘新人时，要综合考查毕业生的五个方面：专业素质、职业素养、协作能力、心理素质和身体素质。其中，身体素质是最基本的，好身体是工作的物质基础，职业素养、协作能力和心理素质是最重要和必需的，而专业素质则是锦上添花的。职业素养可以通过个体在工作中的行为来表现，而这些行为以个体的知识、技能、价值观、态度、意志等为基础。良好的职业素养是企业必需的，是个人事业成功的基础，是大学生进入良好职业生涯的开端。

（二）职业素养的特性

职业素养其实是大学生在求职过程及工作过程中综合素质的体现，概括而言，有以下特性：

1.职业性

职业素养是大学生从事职业活动的基础，不同的职业对职业素养的要求也不同，这是由不同职业所具有的特点决定的。例如，教师职业对素养的要求是热爱教育事业、热爱学生、为人师表、学识渊博，这与教师教书育人的职业特征有着密切的关系。只有具备良好的职业素养，才能将本职工作做好，并有长久的发展。

2.养成性

职业素养作为与职业世界相联系的个性品质的集合，是在长期的从业过程中养成的。例如，一名音乐家虽然会有一定的音乐天赋，但更多素养的培养是靠后天的努力。职业素养不能仅依靠简单的传授完成，如我们不能期望大学生上了一堂关于培养职业素养的课，就养成相应的职业素养。职业素养的获得是有条件的，职业素养需要经过模仿、反馈以及慎思等多种途径逐渐积累、内化，是一个人能做哪些、想做什么和如何去做的内在特质的组合，并随着继续学习、工作和环境的影响而不断提升。

3.情境性

职业素养强调对不同情境的针对性，而不是程序化的固定动作的组织体系。因为每个人都按自己生活经验的体系（框架）来概括自己所遭遇的情境，总以某种态度倾向来对待某一类情境，而情境的分类则按自己的生活经验框架。例如，在拆卸一些特别复杂的机器时，需要特别注意拆装的顺序和微小零部件的摆放位置，这就对注意力、记忆力及动作技能提出了更高的要求，而对于简单的拆装则不需要特别注意。一个具备良好职业素养的人，能够知道何种情境需要何种素质，并能够熟练地指导自己的行动。

4.完整性

在中世纪学徒制中，师傅对学徒的培养必定是从各方面做整体要求。在现代社会的职业要求中，同样反对对职业素养各要素进行割裂，主张将其作为一个整体，以职业活动作为载体，在与其他职业活动的融合中进行培养。这就要求从业人员的职业素养应是多方面的，既要有良好的职业道德、职业意识和职业态度，又要遵守行业的规范和职业准则，还要具备一定的职业形象与职业礼仪等，只有这样才能胜任本职工作。所以，作为行动与个性心理品质的统一，职业素养体现在职业活动中并与职业活动的其他要素紧密相连。脱离了具体的工作任务和职业情境，职业素养也就失去了存在的意义。

二、大学生职业素养的内容

（一）大学生的职业道德

职业道德是整个社会道德体系的重要组成部分，是一定社会的道德原则和规范在职业生活和职业关系中的具体体现，也是一定的社会道德在特殊社会关系领域的应用和发展，是人们在职业活动中所遵守的行为规范的总和。

在现代社会，职业是人生的重要组成部分，人们在职业活动中会产生各种困惑，而解决这些职业困惑必须依赖于一定的职业道德。例如，相对于有限的生命，工作的辛劳很容易使人发出人生到头来都是一场空的感叹，从而会对辛勤的劳动产生怀疑，甚至对某些职业存在的意义产生怀疑，这时就需要我们树立爱岗敬业的职业道德观。因此，职业道德对于现代人的发展而言是至关重要的。

职业道德对企业和社会的作用同样重要。随着现代化的发展，人类进入了工业社会，工业社会中的生产不再是围绕人的生存和发展，而是为了资本的不断增值，甚至其过程都可以不予考虑，这样就增加了生产活动的道德危机。例如，相继发生的"毒奶粉""地沟油""瘦肉精"等食品安全问题足以表明，职业道德的缺失已经威胁到了人们的生命和财产安全，影响了和谐社会的构建。无论是企业组织还是个人，都必须提高自己的职业道德修养。

当代大学生，以后必然要成长为社会劳动者。社会主义职业道德继承了传统职业道德的优秀成分，体现了社会主义职业的基本特征。

1.爱岗敬业

爱岗敬业反映的是从业人员热爱自己的工作岗位，尊重自己所从事的职业，勤奋努力，尽职尽责的道德操守，这是社会主义道德的最基本要求。职业不仅是人谋生的手段，也是从业者不断完成自身社会化的重要条件，是个人实现自我、完善自我不可或缺的舞台。个人的发展和完善不能停留在愿望和决心上，而应采取行动，没有行动，一切都会流于空谈。因此，爱岗敬业所表达的最基本的道德要求就应当是：干一行爱一行，爱一行专一行，精益求精，尽职尽责，以辛勤劳动为荣、以好逸恶劳为耻。这是社会对每个从业者的要求，更应当是每个从业者对自己的自觉约束。

2.诚实守信

诚实守信既是做人的准则，也是对从业者的道德要求，即从业者在职业活动中应该诚实劳动、合法经营、信守承诺、讲求信誉。诚实守信是人类千百年来传承下来的优良道德传统，我们在社会主义社会应该继承并使之发扬光大。人无信不立，在职业活动中缺失了诚信就会失去人们的信任，失去社会的支持，失去成长和发展的机遇。由于我国社会主义市场经济还不完善，职业领域出现了一些不健康的现象，一些企业及其从业人员诚信的缺失，扰乱了市场秩序，给社会主义市场经济的顺利发展带来了负面影响，给人们的身心健康造成了严重伤害，也败坏了一些企业的名声。因此，在社会主义市场经济条件下，加强职业领域的诚信道德建设，非常必要，也非常及时。

3.办事公道

办事公道就是要求从业人员在职业活动中做到公平、公正，不谋私利，不徇私情，不以权损公，不以私害民，不假公济私。在社会主义制度下，从业者之间以及从业者与服务对象之间都是平等的，他们的职业差别只是所从事的工作不同，而不是个人地位高低贵贱的象征。同时，职业的划分也不是为特殊的利益集团和个人创造谋取私利的机会，而是为了更加公平地满足人们的需要。所以，以公道之心办事就必然成为职业活动所必须遵守的道德要求。办事公道，就要做事讲原则，无论对人对己都要坚持实事求是，遵循道德和法律规范来处事待人。

4.服务群众

服务群众就是在职业活动中一切从群众的利益出发，为群众着想，为群众办事，为群众提供高质量的服务。社会主义道德建设的核心是为人民服务。在社会主义社会里，每个公民无论从事哪些工作、能力如何，都能够在本职岗位上，通过不同的形式为人民服务。如果每一个从业人员在职业活动中都自觉遵循服务群众的要求，整个社会就会形成一种人人都是服务者，人人又都是服务对象的良好秩序与和谐状态。

5.奉献社会

奉献社会就是要求从业人员在自己的工作岗位上树立奉献社会的职业精神，并通过兢兢业业工作，自觉为社会和他人作贡献，这是社会主义职业道德最高层次的要求，体现了社会主义职业道德的最高目标指向。爱岗敬业、诚实守信、办事公道、服务群众，都体现了奉献社会的精神。

（二）大学生的职业意识

"意识"意味着清醒、警觉、注意力集中等，也意味着在意愿支配下的动作或活动。正是通过意识，我们分析因果关系，想象现实不存在的情景和可能性，计划未来的行动，用预期的目标来指引行动。职业意识就是站在特定的职业角色上，以实现职业目的为目标而应具有的特定思维模式，它表现为职业敏感、职业直觉甚至职业本能的思维过程。职业意识的强弱在各个方面决定了从业者的工作表现。要成为优秀的职业人，大学生需具备以下几个职业意识：

1.角色意识

每个人在现实社会生活中都扮演着多种不同的角色，一个人在一生中要扮演许多角色，在这众多角色中每个人都要扮演的一个重要角色就是职业角色。每种角色都有一定的言行规范和标准，人们正是按照相应的言行标准来衡量一个人是否胜任其角色。

一个人如果有强烈的角色意识，就能够正确定位好角色，生活中就能够成为一个称职的父母、孝顺的儿女、忠实的朋友；工作中就能够成为一个称职的领导、合格的下属、友好的同事，成为一名优秀的法官、教师、医生、工程师、工人等。一个人如果缺乏角色意识，就难以把握好角色位置，甚至发生角色错位，造成人际关系紧张，工作、生活环境恶化。若表现在工作上，就将影响工作的正常开展，甚至损害单位、企业的形象，败坏单位、企业的声誉，影响单位、企业的效益。

强化角色意识，就是要立足本职岗位，认清自身的"角色定位"，恪守职业道德和操守，向优秀人物学习，以自身所属角色群的榜样为镜子、为尺子，经常照一照，量一量，以此鞭策自己、激励自己。这样，就能时刻有一种紧迫感、责任感、危机感，随之迸发出奋然前行的激情和力量。角色即人格，只有扮演好了自己所承担的角色，我们的人格才会独立，才会受到他人的尊重。

2.规范意识

没有规矩，不成方圆。无论从事何种工作，最基本的要求就是遵守岗位的职业规范、职业纪律。规范意识有三个层次，首先要有规范的意识。例如，不迟到，不早退，不在工作时间办理个人事务，不越权，不侵犯公司利益等。但仅有规范意识是不够的，更重要的是要有遵守规范的愿望和习惯，这是规范意识的第二个层次。因此，重要的不是知道规范，而是愿意和习惯于遵守规范。

如果没有遵守规范的愿望和习惯，在领导不在或管理人员疏于管理的情况下，违反规范是很有可能出现的。规范意识的最后一个层次是遵守规范成为人的内在需要。在这种境界中，遵守规范已成为人的第二天性，外在规范成为人的内在素质。从规范向素质的转变，对于个人而言，意味着规范不再仅仅是一种外在强制，而在某种意义上使人获得了真正的自由。

3.问题意识

一个人、一个团队在生活、工作中总是要面对各种各样的问题，而"问题意识"就是对客观存在的矛盾的敏锐感知和认识。具体而言，就是具有主动发现问题、找准问题、分析问题的自觉意识，进而为解决问题提供更多、更准的方法。一个员工只有树立了"问题意识"，才能更主动地去完成自己的工作任务；一个团队，尤其是企业团队，只有强化"问题意识"，才能不断清除淤塞、健康发展。因此，一些优秀企业家非常注重强化"问题意识"，末日管理、危机管理成为他们追求的模式。他们能够以超乎常人的"问题意识"，给员工以紧迫感和压力，促进员工不断发现问题、解决问题。

4.团队意识

在当前全球经济一体化和国际竞争加剧的大背景下，培养团队意识对于建设好一个组织、一个企业具有极其重要的意义。而对于任何一个准备踏入职场的准员工而言，团队意识也是应该认真培养的，因为在任何一家公司工作都离不开与他人的配合。所谓团队意识，简单而言就是大局意识、协作精神和服务精神的集中体现。团队意识的基础是尊重个人的兴趣和成就，核心是协同合作，最高境界是全体成员的向心力、凝聚力，反映的是个体利益和整体利益的统一，进而保证组织的高效率运转。团队意识的形成并不是要求团队成员抛弃自我，相反，挥洒个性、表现特长是团队成员优势互补、各尽所能、共同完成任务目标的基础，而良好的协作意愿和协作方式则产生真正的内心动力。要想成为一名具有团队意识的员工，大学生必须达到以下基本要求：

（1）具有良好的表达与沟通能力

一个人只有将自己融入一个团体中才能变得更加优秀。而要使自己融入一个团体就必须具备良好的表达与沟通能力，这一点并不容易做到。要努力抓住机会锻炼表达能力，积极表达自己对各种事物的看法，并掌握与人交流和沟通的艺术。

（2）具备主动做事的品格

任何一个用人单位都不喜欢只知道听差的人，所以不应该被动地等待别人告诉我们应该做哪些事，而应该主动去了解企业需要我们做哪些工作，以及自己想要做哪些事情，然后进行周密的计划，并全力以赴地去完成。

（3）具有宽容与合作的精神

尺有所短，寸有所长，集体中的每个人都各有各的优点和缺点，关键是以怎样的态度去看待它。用人之长必容人之短，能够发现对方的美，而不是盯着对方的缺点不放，要培养自己求同存异的素质。一个团队只有具备了宽容与合作精神，才能将每个人的优点发挥到最大，也才能使团队不断做大做强。

（4）具有全局观念

团队意识不反对个性张扬，但个性必须与团队的行动保持一致。要有整体意识、全局观念，考虑团队的需要。个人利益、观念等与团队整体需求发生冲突时，要主动调节自身，以适应团队的发展。

（三）大学生的职业技能

职业技能是指在特定的职业环境中合理、有效地运用专业知识、职业道德与意识的各种能力。在职场中，不断提高自己各方面的技能，对于自己的职业发展道路非常有利，能为自己今后取得更好的职位做准备。一般可以把大学生应具备的职业技能划分为两种，即专业技能和自我管理技能。

1.专业技能

专业技能是指人在职业活动中要求掌握的技能，是人们在职业活动中运用专业知识或经验顺利完成某种职业任务的一种技术活动或心智活动。因此，专业技能可以分为技术技能和智力技能。

（1）技术技能

技术技能的进步和商业的发展，使绝大多数职业的要求都变得更加复杂。自动化办公、电子商业、企业资源规划管理系统、数控机床等，都要求员工有数学、阅读、计算机等方面的知识。很难想象，办公职员如果不会文字软件技术的处理，不会使用电子邮箱系统将怎样开展工作。相对而言，对于一线工作人员来说，技术技能尤为重要，因为他们大多直接从事某方面的具体工作，是具体工作流程、程序的操作者，他们必须知道如何去做各种特定工作，而且须达到一定的熟练程度。

（2）智力技能

智力技能是借助内部语言在头脑中实现的认知活动方式，这种认知活动借助内部语言按合理、完善的程序组织起来，并且环环相扣，仿佛自动地进行着。例如：一位文字工作者只有掌握了写作技能，才能根据不同性质的命题，自如地按照写作程序进行构思，并写出记叙文、说明文、议论文等文章来；一位法律工作者只有掌握了法律解释、法律推理、法庭辩论、讯问、判断、调解、证据收集与运用等相关技能才能胜任其职位；一位销售人员只有具备了市场调查与分析、产品推销技能才能将产品推销出去。正如成熟的技术技能可以使人出色地完成各种外部活动一样，熟练的智力技能也是一个人顺利完成各种智力型工作的重要条件和手段。

2.自我管理技能

自我管理技能是职业人顺利完成任务的基础性技能。任何职业都需要职业人具备基础的自我管理技能，这一点对于所有的职业都是适用的。学会管理自我是成功的基础。只有主动经营，努力提升自我价值，使自己成为市场的稀缺资源，才能使未来的事业得到更好的发展。自我管理包括终身学习、习惯管理等方面的修炼。

（1）终身学习

知识经济时代意味着"学历时代"的终结，取而代之的将是"终身学习时代"。走出校门并不意味着学习的终止，任何一个职业人都必须是终身学习的人。一个大学生在学校获得知识的 5%～10%是将来所需的，其余 90%～95% 的知识是在工作以后的学习中获得的。一个重要的原因就是现代人生活、工作的时代已经成为一个信息爆炸的时代，知识的折旧率一再提高，现代人一年不学习，他所拥有的全部知识就会折旧 80%。所以，大学生告别校园、走向职场后，必须继续坚持不懈地学习，才能跟上知识更新的步伐，才不会在竞争中被淘汰。

知识的学习固然非常重要，然而现代学习理论认为，学习的能力比知识的学习更加重要。"学习知识"与"学习能力"的关系，类似于"鱼"与"渔"的关系，"授人以鱼不如授人以渔"。知识与技能的学习已经越来越难以满足人们的需要，因为知识与技能是学习的内容，数量再多也有穷尽的时候。学习能力是最应该学习的。只有具备了这种学习能力，才能拥有解决问题的工具，需要怎样的知识就能很快掌握它。

（2）习惯管理

在职场中，职业习惯是人们长期在职业活动中形成的比较稳定的行为，良好的职业行为养成良好的职业习惯，从而为事业的蒸蒸日上奠定坚实的基础。因此，养成良好的职业习惯与革除陋习，要从一点一滴的行为做起，这就需要职业人有意识地对自己进行习惯管理。

第一，守时。守时是职场人士必备的重要习惯之一。在工作中，既要珍惜自己的时间，也要重视别人的时间。不守时会严重影响职业形象，甚至会影响到工作的顺利开展。守时不仅是一种习惯，一种品质，更是一种技巧——时间管理的技巧。我们都不想给别人留下不守时的印象，但不守时的情况却在一些人身上反复发生，究其原因，就在于没有掌握时间管理的技巧。

第二，勇挑重担。任何一个组织或团队都赏识身先士卒的职业人，在规定的期限内完成目标任务，在面对新的挑战与压力时，能够不怕风险，勇于承担责任。由于职责分工不同，每个部门、每个岗位都有自己特定的职责要求，但是一些无法明确划分到特定部门或个人的突发事件总会时常发生，而且这些事情往往比较紧急。这时，一个有责任心的职业人，应该从团队合作的角度出发，积极去处理这些事情，而不是设法推卸责任。不论能否处理成功，这种迎难而上的精神都会得到领导和同事的认同。除此之外，在设法处理这些紧急事件的过程中，个人的能力也会得到迅速提升。

第三，对结果负责。职业人必须对自己的职业行为与结果负责，尤其是在自己存在失误的时候，不能将责任推卸到别人身上，只强调别人的缺点而不能反求诸己。当我们认为问题不在自身时，这种想法本身就是个问题。只有勇敢地对结果负责，认真查找失败的原因，才能认识到自身问题所在，从而避免在今后的工作中类似的失误再次发生。

第四，尊重他人。在职场环境中，要注意保持与团队成员良好的非工作关系，对于工作之外的事情要慎重对待，尊重他人的生活方式，不以自己的价值观来要求他人，不随意冒犯他人的私人空间，不议论评价他人的是非，对他人的生活隐私不要随意谈论，并有义务为他人严格保密。

（四）大学生的职业能力

职业能力是指一个人完成工作任务，从事与职业相关活动所必备的本领和技能，表现在所从事的各种工作和职业相关活动中，并在其中得到应用和发展。职业能力主要包括三层含义：第一层是从事某种具体职业，能够胜任某一具体岗位而必须具备的能力，主要表现为任职资格；第二层是指在步入职场之后表现出来的职业素质，也就是怎样做人、做事的能力，包括道德、态度、意志等内在素质以及在工作方式、职场上应注意的基本规则、常识等；第三层是开始职业生涯之后具备的职业生涯管理能力。

大学生所具备的职业能力是其胜任未来职业的基本条件。无论从哪个角度来看，拥有过硬的职业能力，都是大学生职业生涯发展的重要支撑。在职场的激烈竞争中，大学生职业技能的高低对于用人单位是否录用自己起着至关重要的作用。

1.职业能力的组成

由于职业能力是从事相关职业活动、完成相关任务所需的多种能力的综合，因此我们通常把职业能力分为一般职业能力、专业职业能力和综合职业能力。

（1）一般职业能力

一般职业能力是指劳动者具有一般的学习能力、文字运用能力、语言表达能力、数字能力、空间判断能力、形体知觉能力、颜色分辨能力、四肢灵活运动能力和手眼的协调能力等。

（2）专业职业能力

专业职业能力主要是指从事某一种职业所必需的专业能力。在求职过程中，招聘方最关注的就是求职者是否具备胜任岗位工作所要求的专业能力。

（3）综合职业能力

综合职业能力一般是指劳动者具有很多方面的能力，可以胜任多种工作及对专业能力要求较高的岗位。这里主要是指国际上普遍注重培养的"关键能力"，主要包括四个方面，即跨职业的专业能力、方法能力、社会能力和个人能力。

2.职业能力的培养

大学生具备相当的知识积累，并不等于就有了较强的职业能力。职业能力同知识的掌握一样，要靠平常的学习以及职业实践中的自觉培养和锻炼。人的能力是有差异的。这种差异并不是先天形成的，而是由所处的环境、受教育的程度及自身职业实践状况等因素导致的。就共性而言，职业能力的养成可以从以下几个方面着手：

（1）注意全面了解与择己所能相结合

自我认知，不仅要了解自己的优点，而且要了解自己的缺点，选择自己能力范围之内的工作，避开那些由于自身生理或性格缺陷而不适合的工作，充分发挥优势能力的作用，这样更容易获得职业生涯上的成功。

（2）注意优势发展和拓展超越相结合

大学生可以注意发展自己的优势能力，但仅有优势能力是不够的，必须对其他基础能力和基本能力都有所训练和拓展，这就要求大学生在注意发展能力的同时，也要超越自我，注意全面发展自己的各种实践能力。现代社会的多维竞争增加了单一能力持有者的生存难度，不断拓展能力资源是今后生存的需要，也是发展的需要。

（3）注意能力类型与职业需求相结合

一方面，要注意一般能力与职业的契合。不同的职业对人的一般能力的要求不同，有些职业对从业者的智力水平有绝对的要求，如律师、工程师、科研人员等都要求有很高的智商。

另一方面，要注意特殊能力与职业的契合。特殊能力是指从事某项专业活动的能力，也可称特长，如计算能力、音乐能力、动作协调能力、语言表达能力、空间判断能力、形态知觉能力、手指灵活度与灵巧度等。要顺利完成某项工作，除要具有一般能力外，又要具有该项工作所要求的特殊能力，如从事教育工作需要有新闻记忆能力和表达能力，从事数学研究需要具有计算能力、空间想象能力和逻辑思维能力。

（4）注意积累知识和勤于实践相结合

我们无法想象一个知识贫乏的人能拥有超群的能力。一个人才能的大小，首先取决于掌握知识的多寡、深浅和完善程度。这是因为知识是构成才能的元素和细胞。需要说明的是，才能并不是知识的简单堆积，而是知识的结晶。掌握的知识越丰富、越精深、越完善，加工和运用知识的思想方法越正确、越先进，实现创造的技能技巧越熟练、越精湛，才能也就越优异、越高超、越卓绝，能力才能越超群。

同样，我们更无法想象，能力是可以离开切身实践自动养成的。能力需要在实践过程中培养形成，同时能力也会在实践过程中生动地表现出来，因此实践是培养能力的重要途径。例如，一个人要想圆满地表达自己的观点、思想和情感，就得在公众场合善于演讲，并具有写作才能，而演讲和写作就是实践的过程；一个人要想具有组织管理能力，就得积极主动、有意识地组织和参与各种有益的社会和校园活动，并在有条件的情况下参与一些社会工作，这些实践活动都会使其组织管理能力得到明显的提高。

第二节　大学生职业素养的提升

大学生职业素养的提升对于他们未来的职业发展至关重要，提升大学生职业素养的方法主要有以下几个：

一、强化人文素质培养

人文科学的涵盖范围很大，历史、哲学、文学、艺术、语言等都隶属于人文科学。人文科学能够引导人思考人生，能够使人有意识地去美化自身，提高自身的精神觉悟，实现自身的人生价值。在一定层面上，人文素养培养与职业素养培养有着一致的目标。因此，强化人文素质培养能够间接提高大学生职业素养，进而使大学生完善人格、提升个人境界。高校在落实人文素质培养时应该充分把握"人本理念"，要构建全新的人才培养思路，善用各种科研项目、人文素质教育、网络平台等营造良好的职业素养氛围，尽可能在潜移默化中陶冶学生，提高学生的职业素养高度，确保学生全面发展。

二、强化教育教学改革

教育教学改革是解决传统职业素养教育问题，推动职业素养教育发展的最有效的办法。高校需要不断强化教育教学改革工作，从课程设置、教学内容安排、教学方法创新、教学评价体系完善等角度出发，为教育教学改革创造有利条件。例如，在教学内容安排方面，学校需要深入社会、调研市场，了解社会对学生岗位素养的需要，并以之为依据安排相应的教学资源，尽可能保证教学工作能够与学生工作无缝对接。再如，教学方法创新方面，学校应该充分借鉴当前已经被证实了的、能够有效提高教育实效性的，包括多媒体教学法、微课教学法、翻转课堂教学法在内的多种教学方式，积极优化职业素养教育，提高职业素养教育的针对性、灵活性和开放性，以确保能够吸引学生自主投身相关学习，自主提高自身的职业素养。

三、加大实践教育力度

实践教育在职业素养培养方面能够发挥出巨大的作用，然而职业素养实践教育是当前职业素养教育的薄弱环节，高校应该契合职业素养培养要求，积极开展相应的实践教育活动。例如，学校可以联系相应的企业，让学生进入真实的工作环境，帮助学生了解职业内容、职业所需，在开阔学生眼界的同时，帮助学生明确自身不足，进而有针对性地提高自身职业素养。再如，学校可以构建相应的实践教育基地，积极开展各种职业素养实践活动，帮助学生妥善融合职业素养教育的理论知识和实践知识，提高学生的职业实践技能。

综上所述，提升大学生职业素养是当前一项紧迫且重要的任务，高校需要从强化人文素质培养、强化教育教学改革、加大实践教育力度等角度出发，全面提高大学生职业素养，使之契合社会发展需求。

第三节 大学生职业素养的发展战略

在新时代，社会对大学生的能力和素质提出了新的更高的要求。满足社会和职业发展的需求，加快大学生的职业素养培养，既是高校教育教学改革的重要内容，也是新时代赋予高校的重要任务和使命。努力培养大学生良好的职业素养，全面提升当代大学生自身竞争力，符合新时期大学生人才培养的目标。大学生职业素养的发展战略主要从以下几个方面入手：

一、牢固树立大学生职业素养培养理念

职业素养培养的理念应该始终贯穿于整个高等教育的全过程，在教学和教研的每一个环节，都应该为大学生职业素养培养服务。很多的高校毕业生就业指导体系已经将职业素养培养作为其中重要的一个环节来实施，并取得了很好的效果。各类高校要充分发挥教育职能，积极开展大学生职业素养培养的集中统一指导，在专业课程的设置、师资力量的配备和各种实践基础的平台搭建上，向大学生职业素养培养倾斜，实现其社会效益的最大化。同时，各级教育主管部门，要用发展的眼光和战略的高度，鼓励和支持高校积极开展大学生职业素养教育，在顶层设计上创造良好的政策环境。

二、持续发挥课堂教学的重要作用

一是大力实施教学方式方法的改革创新。各专业的教师要根据教授专业的实际和学生的自然情况，自觉创新教学方式方法，以专业所教授的行业特点为依据，突出以实践为核心的教学方式方法，通过诸如模拟场景、实际案例、课

程项目以及课件展示等方式，让学生明确自身所学专业的定位、标准以及行业规范，从理论和实践上对职业素养有全面的体验和理解。

二是重点突出专业实践教学。教师要充分利用多媒体技术，结合专业有关的知识，引导学生进行模拟训练或者实际观摩，全面提升学生对职业素养的主观认识与理解。

三是紧贴实际教学。专业教师要紧贴学生所学专业的时代前沿，保证学生及时了解所学专业的行业最新发展动态，及时了解行业信息，将最新的行业动态与信息融入职业素养培养中，保证专业理论学习跟上行业发展的脚步。

四是注重职业意识教育。在职业素养培养中，职业意识教育尤为重要，这将对学生今后的职业生涯产生深远影响。教师要在学生的职业意识教育中，始终坚持开展正确的人生观、世界观和社会主义核心价值观教育，努力培养当代大学生的社会责任感和历史使命感。

三、全面提升大学生自我学习能力

开展大学生职业素养培养，还要全面提升大学生自我学习能力。

一是要大力开展大学生理想和信念教育。步入大学校门后，部分学生的思想发生了变化，对于未来的自身发展没有明确的方向和规划，这就需要教师积极引导，认真组织开展当代大学生理想和信念讨论，使其对自身的个性特征和个性倾向有更加清晰认识，逐步养成良好的学习、工作和生活习惯，为今后的职业行为规范奠定坚实的基础。

二是大力培养大学生职业技能的自我学习能力。教师要积极鼓励大学生参加各类职业技能资质、资格考试，培养自我学习能力，发挥出自身的优势和特长，迎合社会发展的需求，获得从事相关行业的资质，为今后步入职场做好准备。

三是培养大学生良好的心理素质。在职业素养培养中，心理素质的培养不容忽视。社会竞争的压力是大学生在校园中体验不到的，教师要通过心理素质的培训，培养学生知难而上、永不言败的精神，全面增强应对挫折的能力。

四、整合社会资源提供更多培养平台

大学生职业素养的培养还需要全社会的关注与支持，要积极整合社会资源，为大学生的职业素养培养搭建更多的平台。大学生在学校的职业素养培养具有相对的局限性，更需要在社会的大熔炉中锻炼和成长，经过社会实践的磨炼，才能实现自身能力的提升。这就要求企业把培养大学生职业素养培养，作为自身承担社会责任的使命。企业要在大学生的就业上，为他们提供锻炼的机会，在实践中给予更多的指导，为他们搭建更多的职业素养培养平台。同时，各类高校要重点开展好校企合作，为企业参与大学生的职业素养培养提供更多机会。在校企合作平台上，借助企业的行业知识、职业培训以及企业文化，使学生最直接接受职业素养的拓展和训练。

综上所述，大学生职业素养培养已经开始被社会所重视，这是新时代大学生人才培养的重要趋势。新的时代赋予了当代大学生更多的责任，大学生的职业素养培养，就是要积极适应社会发展和市场需求的变化要求，努力培养和造就在新时代中国特色社会主义伟大建设进程中，能够肩负起历史重任的优秀社会人才。这些具有良好职业素养的复合型人才，以扎实肯干的工作作风、甘于奉献的爱岗精神和良好的职业道德，能够为实现中华民族伟大复兴中国梦作出自身应有的贡献，成为未来中国经济发展和腾飞的中流砥柱。

第六章　新时代大学生职业发展的实践

第一节　大学生职业发展能力培养的实践

随着我国高等教育从大众化到普及化进程的加快，特别是高等教育报考录取率的提高，我国的高等教育正在走出象牙塔，当代大学生将剥离天之骄子的光环，多数大学必将走向应用型，培养职业化专门人才，而大学生也将成为接受过高等教育的普通职业人。在这种背景下，如何改革和创新我们的培养模式和教学方式，以达成我们的培养目标要求，是我们必须认真研究和解决的课题。

一、大学生职业发展能力培养的实践策略

实际上，伴随着中国高等教育普及化的推进，一部分高等学校站在改革创新的潮头，正确把握形势，积极进行探索，全面贯彻校企合作、工学结合这一理念，围绕提高人才培养质量、社会服务能力、院校管理水平这些目标做了积极而有效的探索，概括而言，主要有以下方面：

（一）构建三个合机制——培养学生职业发展能力之前提

从总体而言，我国高等教育中的大部分学校应以应用型人才培养为主，应用型人才培养的任务就是面向经济社会发展一线和生产业务经营前线，培养适应中国特色社会主义现代化生产建设经营管理服务一线的高素质技术技能和应用型专门人才。这就要求我们的毕业生必须适应快、实践能力强、发展有潜力。所以必须构建有利于人才成长的环境和氛围，主要策略如下：

1.产教融合

必须根据产业发展的要求，自觉把人才培养和学校教育融入经济社会发展和产业发展需求中去，适应发展、支持发展并努力引领产业发展，具体包括专业设置、课程开设、体制合作等，学校要关注、研究产业发展。

2.校企结合

推进产教融合，重要的是要根据其要求，构建起一个校企结合的体制和机制，这种体制和机制可以是体制内办学，也可以是签约合作，形成合作协同办学机制，真正了解和把握好行业企业的需求。

3.工学结合

工作和学习的结合，是应用型人才培养的有效途径，是产教融合理念的具体化，也是校企合作的实现路径之一。让学生走出校门、走进职场，具有工作体验和职场经历，既能够丰富理论学习内容，也有利于消化和巩固课堂教学内容，从而有利于学生成才成长，为将来走向职场创造有利条件。

（二）抓好三个业教育——培养学生职业发展能力之核心

为了使学生人人尽展其才，人人皆可成才，成为社会主义现代化建设第一线的高素质技术技能和职业化专门人才，必须在产教融合、校企合作、工学结合的框架下，着力学校人才培养模式的优化和创新，其核心是突出专业、强化职业和重视敬业精神。

1.突出专业

专业是高等职业教育区别于普通教育和学术教育的重要标志，普通教育重课程，学术培养重学科，而高等职业教育和应用型人才培养必须强化专业的龙头地位，建立起以专业为基本单元的相对独立的人才培养体系，如教学研究组织、校内实验实训场所、校外实践实习基地、专业建设指导委员会、校企合作组织、双师型结构教学团队等，体现以专业为基础、为龙头的思想。

2.强化职业

对于大部分高等学校而言，其学生毕业后是要直接走向职场的，尤其是地方新建应用型本科学校和高等职业技术学院，正因为这样，我们在学校教学时期，在突出专业化的同时，必须重视职场环境、职场纪律等系列化培养，树立高等教育与职业教育相结合的理念，使学生具有崇高的职业理想、严明的职业纪律、良好的职业习惯、朴素的职业良心、娴熟的职业技能、标准的职业礼仪，将职业化贯穿始终。

3.重视敬业精神

专业化职业人才的一个重要特征是具有良好的敬业精神，敬业既是一个思想道德范畴的概念，同时也是业务工作的概念。从事专业化职业工作的大学生，要有所作为、有所成就、有所成功，就必须做到敬业乐业、爱岗奉献，否则，就难以有所作为，正因为这样，在学生时代，营造职业化环境、培养敬业精神尤为重要。

（三）抓好三个课建设——培养学生职业发展能力的基础

高等应用型人才的培养有其丰富的内容和规律，学校教育还是要强调以学为主，重视教学内容的系统化和系列化，促进学生较为系统地掌握好理论知识，因此抓实做好三个课十分重要。

1.优化课表

要根据高等教育规律，结合应用型人才培养的需要，科学制订好三年或四年的人才培养方案，全面系统贯彻好应用型人才培养的理念。在制订人才培养方案时，必须研究课程体系的科学性、合理性，体现出专业化和职业化要求，并通过相应的课程和实践活动培养学生敬业精神，彰显专业化和职业化水准。

2.抓实课程

课程是落实人才培养的重要的微观载体，各种不同的课程组合构成了不同的专业，课程的重构是教育教学改革的重要内容。国家示范性高等职业院校建设的实质就是课程改革和整合，新建本科学校向应用型转变的重心也是课程改革，因此必须把课程改革作为培养学生职业发展能力的基础性环节，进行革命性改革。

3.搞活课堂

随着互联网的兴起和慕课的大规模引入，人们对课堂的重要性进行了反思，甚至认为课堂显得不很重要了，其实并非如此，对于专业化职业人才培养而言，课堂仍然是十分重要的路径，师生互动和交流都体现在课堂上。只不过课堂环境和结构必须进行改革和重新营造，以彰显人才培养的新要求。

（四）做好三个实的工作——培养学生职业发展能力的保证

专业化职业人才的培养，重在学生的应用和实践能力，而培养创新精神、敬业精神、实践能力正是当前我们在人才培养工作中必须切实加强和重视的工作。要培养学生的实践动手能力，就必须抓好以下工作：

1.重视实验

对于理工类专业的学生而言，科学的实验是必不可少的环节，这是探索真理、揭示规律的重要路径，应当有新的加强，即便是经济管理类的专业，也需要进行数据分析和计算论证，以强化其科学性。

2.强化实训

为更好地培养学生的真实操作能力，学校必须加强真实环境的校内实训环境和实训场馆建设，把实训真实化作为工作重点，充实校企合作等各种路径，在校内把实训工作做好做扎实，让学生有实践的初步感受和基本经验。

3.加强实践

实践教学和实践育人是新的历史条件下加强大学生培养工作的重点内容之一。广义的实践包括了实验和实训，狭义的实践主要是指走出校门，参加真实的行业企业活动和社会性实践。高校要引导学生参加具体专业和职业的实践活动，如社会调研、顶岗实践等，从而促进学生全面提高职业发展能力，实现从大学生向职业人的顺利转换。

二、构建有利于大学生职业发展能力培养的实践创新

高等学校如何培养学生职业发展能力，并非学校一家的事，学校的努力和创新较为重要，而良好的外部环境和政策机制也是必要的。因此，从实践来看，需要注意以下内容：

（一）建设双师结构教学团队是重要保证

如果说构建良好的校企合作体制机制是大学生职业发展能力的体制前提，那么，我们可以肯定地说，培养教师的双师素质、打造双师结构教学团队，应该是培养学生职业发展能力的重要保证，没有高素质、高水平和结构合理的教师队伍很难实现有效的教学，如果教师不了解职场、职业和岗位，就难以有效地指导和帮助学生。因此，只有具有实践能力、职场经验，了解职业规律、洞察职业发展趋势的专业课教师，才能把学生职业发展能力培养好。对此，学校必须充分利用国家人才政策，利用校企合作体制机制积极发挥作用，同时，国家人社部门等必须积极研究相关政策，努力争取有所作为。

（二）认真抓好学生职业发展规划

为了促进学生的职业发展，必须高度重视职业发展规划工作。学生职业发展规划不仅应该被作为一门课程来认真开设，更应该被视为一项全面的实践活动来积极推进。这一工作不仅仅在学生在校期间需要研究，更需要在毕业后为学生提供持续的指导和帮助。

首先，将学生职业发展规划作为一门课程的开设，是确保学生在大学期间能够接受相关培训和教育的关键一步，这门课程应该涵盖各个方面，包括自我评估、职业目标设定、就业市场了解、面试技巧等。通过这门课程，学生可以逐步建立起对自己职业发展的清晰认识，并获取必要的知识和技能，以备将来步入职场。其次，仅仅在校期间开设这门课程是远远不够的。毕业后，学生将面临更多的职业挑战和选择。因此，学校和教育机构需要建立持续的指导和支持体系，以确保毕业生能够顺利过渡到职业生涯，这可以包括提供就业指导、实习机会、职业咨询等服务，以帮助他们在职场中获得成功。

第二节　大学生职业发展与专业教育
深度融合实践

近年来，我国教育部门针对大学生职业发展和专业教育提出了新要求。职业发展与就业指导课程建设是高校人才培养工作和毕业生就业工作的重要组成部分，提倡所有普通高校开设职业发展与就业指导课程，并将其作为公共课纳入教学计划，贯穿学生从入学到毕业的整个过程。同时，大学生职业发展是学校专业教育体系的有机构成内容，既是提升专业教育水平和质量的重要措施，又是评价专业教育是否成功的关键指标。因此，促进新时代大学生职业发展与专业教育的深度融合，对高校专业教育事业发展，以及大学生职业发展都有着重要意义。

一、大学生职业发展与专业教育深度融合面临的困境

（一）大学生职业发展与专业教育深度融合未受到重视

现阶段，部分学校在专业教育实施方面存在与学生职业发展相脱离的问题。以专业教育教材来说，教材内容普遍是通识类知识，并未编写差异性知识内容，也没有充分呈现出大学生职业发展方面的针对性教育与规律性认知。

以教育手段来说，部分高校专业教育还停滞在原有的教师讲授知识、学生被动听讲的状态下，并未融合新时代互联网技术，如采用微课与慕课等全新教育形式，使得多数大学生在专业教育层面缺乏积极性。

从教育观念来看，多数专业课教师普遍会将学生职业发展视为专业教育工作以外的内容，而从长远视角来看，大学生职业发展是高校专业教育工作开展不可或缺的组成部分，与学生群体专业学习以及职业成长有着密切联系。

专业教育和大学生职业发展的脱节对育人合力效应的生成产生了不利影响，社会大众对职业发展教育工作认知的滞后也对教育成效最大化产生了反向影响。针对这些问题，高校与教育工作者需要重新认识职业发展在大学生成长中的重要作用和地位。

（二）大学生职业发展与专业教育深度融合平台有待完善

伴随国家经济体制变革，互联网经济迎来了新机遇，各行各业对专业技术类人才的需求不断提升，企业从以往重视人才岗位技能向重视兼具能力与素质的方向转移，全面发展的大学生受到社会各行业欢迎。我国多数高校为顺应社会新要求，不断尝试多元化渠道以加强学生综合能力，致力于校企合作办学，

邀请各行业专家来校参加人才培养工作，具体包含育人目标的确立、教育大纲制定以及教育实践的开展等。与此同时，高校还聘请行业内部优秀人员来校开展主题讲座，使学生群体对于自身职业发展生成深刻认知。

在内部专业教育方面，高校积极组织教师队伍参与行业实践活动，接受多样性职业发展培训，持续提高专业水平。此外，部分高校创办了大学生职业发展研究中心，针对推动学生群体职业发展，以及职业发展与专业教育的深度融合展开深度探究。这些措施切实推动了大学生职业发展和专业教育的深度融合。然而，因为统一领导力度不足、欠缺有关制度保障、组织能力薄弱，以及教育内容交叉重复等问题的影响，部分高校在职业发展与专业教育深度融合层面，并未达成统一共识，难以多层次、全方位地推进两者的深度融合，两者的深度融合平台有待完善。

（三）保障大学生职业发展与专业教育深度融合的师资队伍还亟待建设

建设一支相对稳定、专兼结合、高素质、专业化、职业化的师资队伍，是保证大学生职业发展与就业指导课程教学质量的关键。现阶段，师资队伍建设部分环节还很薄弱，教师的能力和职业发展指导的水平参差不齐。职业发展与就业指导课程教学内容的实践性、科学性和系统性，仍需要进行持续探索和改革。

二、大学生职业发展与专业教育深度融合的实践策略

（一）创新大学生职业发展与专业教育深度融合的观念

1.明确"以生为本"的理念

在新时代发展视域下，大学生职业发展与专业教育的深度融合是确保其可

持续发展的基础。学生进入大学接受教育的主要目的，是毕业后能寻找到一份符合自身理想的工作。因此，学生职业获取情况会对其未来生活模式以及生存方式产生直接影响，甚至会影响生活质量。故而，专业教育教师必须将学生所学专业作为核心，正确指导学生未来职业发展规划，让新时代大学生日后职业发展能与所学专业相贴合，充分运用高校专业教育资源。

2.构建全局观念

职业发展指导在专业教育中占有重要位置，学生就业质量以及就业率，不仅与各大院校专业教育成功与否息息相关，还关系到高校教育的发展质量。此外，新时代大学生职业发展与专业教育深度融合属于一项系统工程，其要求在开展"一把手工程"基础上，全面、系统、专业、科学地实施工作，要求高校所有教职工各司其职、相互协作，从而确保此项工作顺利运行，让大学生可以学习到更多、更全面的专业知识。

3.强化综合观念

在新时代背景下，大学生群体职业发展和学校专业安排、学科建设以及课程教育等具有密切联系，是高校专业教育与社会市场需求沟通的主要桥梁与纽带，对高校专业建设以及课程教育变革发挥着导向作用。因而，高校在重视专业课建设时，也要强化综合观念，注意现代学生职业教育和指导工作，让职业指导与专业知识学习有机结合，进而让现代大学生在自身所学专业工作岗位上充分发挥出最大效用。

（二）构建大学生职业素质与专业技能训练的教学平台

1.建设专业教育平台

在建设专业教育平台时应注意以下方面：

第一，强化专业教育，培养大学生专业学习自觉性并激发学习兴趣。教师需要充分发挥网络、主题班会以及板报等优势，以专业优秀毕业生职业发展成功的实际案例作为宣传教育主题，创设专业教育优质环境，强化学生选择自身专业的荣誉感与自豪感，增强专业教育向心力以及凝聚力，积极引导学生选择与自身专业高度匹配的职业。

第二，强化专业教育和学生职业发展的融合程度。学校方面有明确要求，专业授课教师掌握所教班级学生群体的职业选择状况，并在教育实践中尽量与其融合。

第三，在专业教育实践活动设置过程中，教师应充分考虑学生群体职业选择状况，将实践教育活动和学生职业目标充分对接。

2.建设职业实践平台

教师应充分发挥实验室、实习基地的作用，指导学生进行实践操作，在各个时间段明确相应的训练主题，以专业知识为基础科目、有组织、有计划地实施职业素养与职业技能培训实践活动，在专业实践训练中加强学生的综合能力。

3.建设毕业实习平台

部分学校在毕业实习方面鲜少考虑大学生职业选择状况，这也是导致学生实习效率、实习积极性较低以及实习效果欠佳的主要原因。因此，高校应转变以往观念，将毕业实习与学生群体专业及职业发展充分融合，在学生毕业论文与毕业设计方面，要充分考虑其职业岗位选择因素，构建两者融合的实习中心。另外，指导教师帮助学生设计完善的实习规划，注重实习措施的贯彻落实与对学生实习流程的全面监督。在学生实习时，应引导学生转变传统就业观，明确自身专业岗位工作要求，熟练把握专业职业技能，积极与就业单位联系，通过不断实践满足各岗位工作上岗条件。

（三）有效借助专业化的师资队伍建设提高教学层次

教师是教育工作开展的必要条件，塑造一支专业水平较高的职业发展与专业教育深度融合的育人队伍，是高质量育人工作有效开展的主要保障。职业发展与专业教育深度融合的教师团队应涵盖行业专家、心理咨询专家、职业规划师以及专业课程授课教师。唯有合理与科学的师资结构，才可以确保大学生职业发展与专业教育深度融合具有较强科学性、专业性以及发展性。高校要强化专业教师基于专业知识与专业技能实施职业发展和专业教育融合的意识和能力，积极组织教师队伍参与职业发展和专业教育有关培训，选派专业教师到企业内部进行挂职锻炼，使教师明确产品生产和岗位工作的新工艺以及新趋势，便于教师在职业发展和专业教育深度融合的过程中，对现阶段企业岗位变化进行有针对性的分析，从而为大学生提供客观的职业判断，使学生对自身职业发展产生理性的认知。

此外，还可以聘请行业专家与技术专员参加学校专业教育，把自身多年职业领悟与岗位经验全面传授给大学生，让大学生切实理解与认知职业发展在自身发展进程中发挥的作用。同时，借助多方资源的有效整合，发挥出教师的优势和特长，产生育人合力效应，切实发挥教师团队在大学生职业发展与职业素养提升中的促进作用，以此持续提高职业发展和专业教育融合的层次。

第三节　大学生职业发展
与就业指导课程实践教学

职业发展与就业指导的课程是近些年来针对大学生自主就业过程当中所出现的种种困难而设置的，职业发展与就业指导课程是服务于大学生毕业之后的就业工作的。因此，对于职业发展与就业指导这门课程而言，让学生在课程的学习当中获得实践经验是非常重要的。现在看来，很多高校针对职业发展与就业指导课程都开辟了校外的实践场所，让学生参与到就业创业的实践当中，通过实践的检验来帮助学生增长见识、增加能力。

一、大学生职业发展与就业指导课程实践教学的策略分析

（一）丰富实践形式

当前大学生职业发展与就业指导课程实践教学的实践形式相对单一，以及在单一的实践形式当中所产生的种种问题，使大学生和社会人士对高校的就业实践工作都抱有质疑的态度。因此，学校的相关部门应该丰富实践形式，根据学校本身的特点和学生本身的现实情况，来安排学生从事不同的就业实践。

事实上，当今社会上有很多公司是需要一些实习生的，只不过他们的招聘是独立的，并且单个单位的用人数量比较少，同时用人单位也常常并不与学校的就业实践工作产生联系，例如宝洁公司每年都需要暑期和寒假的实习生来从事公司内部的运营等方面的助理和实习工作，根据统计，类似于这样的实践工作的缺口，其总量还是比较大的，学生如果能够参与到这些就业实践工作当中来，也就能够获得能力上的提升。所以，学校的就业指导部门和职业发展与就业指导课程的教师不能畏惧工作的繁杂性，应该想方设法与更多的相关公司和企业建立联系，在了解企业需求的同时，向企业推荐一批学生从事实习的工作、参与公司的运营。

（二）设置奖励条件，激发学生的参与兴趣

当前，部分学生并不愿意参加职业发展与就业指导课程的实践教学是不争的事实。为了激发学生参与实践的兴趣，学校应该设置奖励条件，为学生的就业实践工作设置一个可供参考的考核标准。在奖励条件的设置上，应该坚持客观、公正、可操作这三个原则，让学生能够信任已设定的考核标准，督促学生更加努力，并在实践岗位上充实自己，达到预期的效果。

（三）完善相关的理论和规范

理论是实践的先导，各个高校的大学生职业发展与就业指导课程的负责教师，应该自觉肩负起丰富相关理论的重要职责。当前我国的大学生职业发展与就业指导课程的教材虽然是普适性的，但是每一个学校乃至于每一个院系都有不同的现实情况，针对各自不同的现实情况进行不同的理论完善和规范的制定，能够帮助学生更好地进行职业发展与就业指导课程的实践，能够帮助学生更好地获得能力上的提升。学校应该给相关的教师以固定的支持与鼓励，敦促教师在这个方面进行相关的理论和规范的完善，让教师不做无用功，给教师以肯定。

二、大学生职业发展与就业指导课程实践教学的资源开发

大学生职业发展与就业指导课程实践教学资源是指能为大学生职业发展与就业指导课程实践教学提供人力、物力、财力、信息等的支撑条件，与理论教学资源相辅相成，并能够检验理论教学成效的教学资源。大学生职业发展与就业指导课程实践教学的资源开发主要从以下方面入手：

（一）重视开发实践教学资源

高校领导层要重视对大学生职业发展与就业指导课程实践教学资源的开发和应用，把它作为影响高校人才培养质量和教学效果的一个重要因素来分析研究，把它摆在与就业"一把手"工程同等重要的位置，并由分管校领导主抓，纳入学院的发展规划和部门的年度考核，为大学生职业发展与就业指导课程实践教学提供强有力的政策支持。

（二）健全组织机构，完善相关制度，增加相关经费

学校可成立院系两级就业工作领导小组，成立由高校党委书记、校长牵头，分管副校长主抓，各部门负责人及二级学院党总支书记、相关专家为成员的就业工作领导小组。招生就业处处长任就业工作领导小组办公室主任，全面负责学校大学生职业发展与就业指导课程实践教学资源的开发。各二级学院成立由分管学生工作的副书记牵头、思政教育工作部就业指导教师与二级学院辅导员联合组成的实践教学指导团队，具体负责指导相关班级学生的社会实践教学活动。学校要制定相关规章制度和年度考核要求，责任逐级落实到人。除部门正常运转资金外，学校还需配备和保障大学生职业发展与就业指导课程实践教学资源开发、实践教学活动开展的专项资金，做到专款专用，提供资金支持，保障实践教学质量。

（三）多角度、多层次、多渠道开发实践教学资源

大学生职业发展与就业指导课程实践教学资源既包括校内资源，又包括校外资源，既有上级主管部门资源、同级组织或部门资源，又有校属下级部门资源，如校内外师资、实践经费、实践场地、设施设备、招聘信息和兼职信息等，这些都能为实践教学提供人、财、物、信息等方面的支持。实践教学资源重点在校外，企业资源是重中之重。企业除能提供就业、实习实训机会外，还能为学校提供先进的设施设备，及时反馈人才需求信息和毕业生工作情况，甚至提供项目资金、科研经费等。无论是企业资源还是其他校外资源，首先需要高校具备相应实力，积极为校外组织提供人力资源和技术支持。因为开发的价值是双向的，开发的过程是一种价值交换，开发的结果是实现优势互补、互利共赢。

（四）加强对现有实践教学资源的整合优化

高校一方面要充分利用好校内实践教学资源，如校内师资、实训基地等；另一方面，在维系和协调处理好现有校外实践教学资源主体利益关系的同时，还要针对未被开发的资源进行再开发利用和整合优化，制订出相应的实施方案，进一步深化合作，整合优化资源，最终实现彼此优势互补、互利共赢、协同发展。如企业是实践教学资源的主阵地，高校各专业可在众多合作企业中选择 1～2 个具有代表性的企业作为职场体验点，这样做既能够解决学生找对口企业难的现实问题，又能够解开学生对职业、岗位的困惑，同时也为企业培养了潜在员工。

第四节　基于情商提升的项目导向型
大学生职业发展实践

一、将情商培养纳入大学生职业教育中的重要性

（一）有利于提升大学生心理健康水平

大学生心理还未完全成熟，处在心理发展的关键阶段，在学习与生活过程中容易产生不良的心理问题，如自我管理过于严苛、自我定位脱离实际、人际交往中稍有不慎便会做出偏激的事情等。高校在课堂教学中有意识地渗透情商教育，开展丰富多彩的校园活动和社会实践活动，培养大学生对待生活与学习的积极心态，解决大学生存在的心理问题，有利于提升大学生的心

理健康水平。

（二）有利于提升大学生人际交往能力

与别人的相处过程中，不仅要有自知之明，还需要有知人之明，感知和评估情绪的能力是决定个人情商高低的关键因素，大学生只有在人际交往中及时准确地感知到自己与他人的情绪才可以更好地与人沟通，形成情感共鸣，或者对他人施加影响来实现自己的愿望。通过观察发现，学校中高情商的学生易受到学生和教师的欢迎，这是因为在与他人的交往中他们可以敏锐地感知和评价自己与他人的情绪，进而调整自己的言行举止，展示自身魅力。可见，将情商培养纳入大学生职业教育中是必要的，有利于提升大学生人际交往能力。

（三）有利于增强大学生就业能力

企业在选才上注重学生的综合素质，即抗挫折能力、应变能力、协调和沟通能力，而这些都是情商重要的组成部分。目前，很多企业都有一套测试毕业生情商的方法，而不少毕业生在应聘过程中表现出过度紧张、应变能力也不够，在很大程度上导致他们不能成功就业。因此，将情商培养纳入大学生职业教育中，可以培养学生积极的人生态度和较强的应变能力等，进而提升学生的就业能力。

二、基于情商提升的项目导向型职业发展的实践活动

（一）以应用型创新人才培养为目标，创建大学生社团

大学生社团是学生基于共同的兴趣或专业基础上自愿组织的功能团体。大学生社团为学生搭建了一个交流沟通的平台，社团活动可以使学生的情商得到全面提高：①组织管理的能力。社团经常组织丰富多彩的活动，锻炼社团成员

的组织能力。②人际交往的能力。在社团活动中，大学生广泛交流、自由沟通，从而形成了良好的人际关系，增强处理人际关系的能力。③团结协作的能力。社团成员在组织社团活动时，需要相互合作，这有利于锻炼成员的团结协作能力。实践证明，社团活动的积极参与者往往都具有较强的人际交往能力。高校要以项目为导向，培养应用型创新人才，创建学生社团，并鼓励大学生积极参与，大力发挥社团在情商培养中的作用。

（二）丰富第二课堂文化，锻炼团队合作意识和创新能力

高校应丰富学生的第二课堂文化，结合专业特点，依托各项大学生竞赛来提升他们的情商。如鼓励学生积极参加暑期社会实践，任务完成得比较好的学生与其他同学分享经验；鼓励学生在空余时间找单位实习，岗位最好与专业对口，以锻炼学生的工作能力；鼓励学生积极参加各种大学生竞赛，如创业者大赛、简历大赛和数模竞赛等；还要鼓励学生积极参加各种学术活动，如与专业相关的学术报告和年会、普通高校科研创新计划项目等，来培养学生的进取意识。这些实践活动可以锻炼学生的团队合作意识，开拓学生的创新性思维，发挥他们的创造力。

（三）创建"助理教练"辅导模式，提升学生的学习和管理能力

师资队伍的建设决定教育的成败，建设一支高素质的教师队伍成为教育发展的一个重要因素，高校必须重视教师在学生情商教育中的重要作用。高校可以通过创建"助理教练"等职位来帮助大学生成长成才。助理教练要对学生活动予以科学规划，同时在活动开展的过程中也要引导学生。助理教练在进行活动规划时，要结合大学生专业特点与未来的发展需求，尊重学生的主观意愿，对学生发展的每一阶段进行详细的规划。助理教练还需加强班级建设与集体活动的开展，引导大学生认识自我与他人，帮助学生建立良好的人际关系。在高校设立"助理教练"辅导模式能够有效提升学生的学习和管理能力。

（四）进行就业之前的职业演练，提高学生的自我认识与职业认知

目前，高校中相当多的大学生自我认识不够成熟，不了解自己究竟适合怎样的职业。因此，学生需要在就业前进行职业演练，例如学校可以不定期开展"情景模拟""案例分析"和"角色扮演"等活动，让大学生在职业情境中扮演各类职业角色，真正体验具体的职业行为。职业演练有利于帮助学生学会与他人合作，锻炼他们的实践能力，且在这个过程中学生可以达到认知社会、认知职业，进而认识自我、自我激励、理解他人、真正表达情感和合理地处理人际关系的目的。

参 考 文 献

[1] 蔡炳育，吴自力.大学生劳动教育教程[M].北京：北京出版社，2020.

[2] 曹丽萍.新时代大学生劳动教育研究[M].北京：北京工业大学出版社，2021.

[3] 陈斌蓉，杨晶，易今科.新时代大学生劳动教育[M].长沙：中南大学出版社，2021.

[4] 陈国维.大学生劳动教育[M].北京：高等教育出版社，2020.

[5] 陈娟.新时代劳动教育课程的系统化建设[J].教学与管理，2021(3)：88-91.

[6] 陈伟，郑文.大学生劳动教育概论[M].北京：高等教育出版社，2021.

[7] 程光德.大学生劳动教育概论[M].武汉：武汉理工大学出版社，2020.

[8] 崔炜，罗松远.大学生职业生涯规划[M].上海：上海交通大学出版社，2015.

[9] 段福生，张建飞，左欣.发挥区域职教资源优势 构建中小学劳动教育课程体系[J].中小学管理，2020（4）：19-21.

[10] 付晓东，张新安.新时代大学生劳动教育[M].北京：人民日报出版社，2020.

[11] 郭馥铭.论高职大学生文学素养的培养与职业发展[J].白城师范学院学报，2016，30（6）：53-55.

[12] 郝志军.学科课程渗透劳动教育：理据与路径[J].中国教育学刊，2021（5）：75-79.

[13] 何卫华，林峰.大学生劳动教育理论与实践教程[M].厦门：厦门大学出版社，2019.

[14] 胡颖蔓，欧彦麟.大学生劳动教育[M].长沙：中南大学出版社，2020.

［15］黄建军.新时代大学生职业发展与专业教育深度融合实践研究［J］.江西电力职业技术学院学报，2021，34（8）：156-157.

［16］李靖平，马光波.浅析大学生职业发展与就业指导课程实践教学［J］.新西部（理论版），2016（10）：150-151.

［17］李卫芳，谭伟.新时代大学生劳动教育［M］.西安：西北工业大学出版社，2021.

［18］李志峰.大学生劳动教育概论［M］.武汉：武汉大学出版社，2021.

［19］梁艳珍，祁鸣鸣，李馨雨.大学生劳动教育教程［M］.北京：中国传媒大学出版社，2021.

［20］刘力波，白秀.核心素养视阈下的劳动教育探析［J］.教育科学研究，2020（8）：5-10.

［21］刘迎春.新时代大学生劳动教育［M］.桂林：广西师范大学出版社，2020.

［22］刘玉升，褚蓉.基于新时代背景下大学生职业发展动力研究［J］.湖北开放职业学院学报，2021，34（12）：26-27，34.

［23］刘征，颜卫林.大学生劳动教育教程［M］.沈阳：东北大学出版社，2020.

［24］潘建华，黄玉.劳动教育的价值意蕴、现实困境及其路径探究［J］.继续教育研究，2022（2）：75-79.

［25］邱同保.大学生劳动教育［M］.北京：机械工业出版社，2021.

［26］宋占新，李建成，王志红.就业视角下的大学生职业素养教育［J］.教育与职业，2015，（14）：81-83.

［27］汤亮，龚发云，袁慧铮，等.劳动教育融入课程教学的路径探索［J］.中国高等教育，2021（20）：45-47.

［28］王圣杰.大学生职业发展与就业指导课程思政建设实践探索［J］.汽车维护与修理，2023（16）：14-16.

［29］王雄伟.大学生劳动教育［M］.北京：化学工业出版社，2021.

［30］王一涛，杨海华.大学生劳动教育与实践［M］.苏州：苏州大学出版社，2021.

［31］位涛，刘铁芳.劳动意涵的历史演变与劳动教育的当代实践［J］.国家教育行政学院学报，2022（3）：77-86，95.

［32］杨陆欢，王伟.新时代大学生劳动教育的时代内涵与价值意义研究［J］.才智，2023（2）：57-60.

［33］张婷婷.新时代大学生职业素养发展战略研究［J］.中国高校科技，2018（7）：87-88.

［34］赵枫.把好学科课程渗透劳动教育的"度"［J］.基础教育课程，2021（11）：28-32.

［35］赵鑫全，张勇.新时代大学生劳动教育［M］.北京：机械工业出版社，2020.

［36］赵元银，吴道省，刘斌.大学生劳动教育［M］.江苏凤凰教育出版社，2020.

［37］周建松.加强大学生职业发展能力培养的实践与思考［J］.中国职业技术教育，2016（36）：81-84.

［38］周兴国，辛治洋.大学生劳动教育［M］.合肥：安徽大学出版社，2021.

［39］朱偃.基于情商提升的项目导向型大学生职业发展实践教育活动研究［J］.中国市场，2016（8）：72-73，87.